Liderança e linguagem corporal

CIP-BRASIL. CATALOGAÇÃO NA PUBLICAÇÃO
SINDICATO NACIONAL DOS EDITORES DE LIVROS, RJ

C182L
    Camargo, Paulo Sergio de
        Liderança e linguagem corporal : técnicas para identificar e aperfeiçoar líderes / Paulo Sergio de Camargo. – São Paulo : Summus, 2018.
        200 p. : il.

        Inclui bibliografia
        ISBN 978-85-323-1091-0

        1. Linguagem corporal. 2. Comunicação interpessoal. I. Título.

18-47043   CDD: 153.69
                                                                      CDU: 159.9:316.722.2

www.summus.com.br

EDITORA AFILIADA

Compre em lugar de fotocopiar.
Cada real que você dá por um livro recompensa seus autores
e os convida a produzir mais sobre o tema;
incentiva seus editores a encomendar, traduzir e publicar
outras obras sobre o assunto;
e paga aos livreiros por estocar e levar até você livros
para a sua informação e o seu entretenimento.
Cada real que você dá pela fotocópia não autorizada de um livro
financia o crime
e ajuda a matar a produção intelectual de seu país.

Liderança e linguagem corporal

Técnicas para identificar e aperfeiçoar líderes

PAULO SERGIO DE CAMARGO

summus editorial

LIDERANÇA E LINGUAGEM CORPORAL
Técnicas para identificar e aperfeiçoar líderes
Copyright © 2018 by Paulo Sergio de Camargo
Direitos desta edição reservados por Summus Editorial

Editora executiva: **Soraia Bini Cury**
Assistente editorial: **Michelle Neris**
Imagem de capa: **Shutterstock**
Tratamento de imagens: **Mariano Méndez Acosta**
Projeto gráfico: **Crayon Editorial**
Diagramação e capa: **Santana**
Impressão: **Sumago Gráfica Editorial**

Summus Editorial
Departamento editorial
Rua Itapicuru, 613 – 7º andar
05006-000 – São Paulo – SP
Fone: (11) 3872-3322
Fax: (11) 3872-7476
http://www.summus.com.br
e-mail: summus@summus.com.br

Atendimento ao consumidor
Summus Editorial
Fone: (11) 3865-9890

Vendas por atacado
Fone: (11) 3873-8638
Fax: (11) 3872-7476
e-mail: vendas@summus.com.br

Impresso no Brasil

Para Gabriela e Rodrigo

Sumário

PREFÁCIO 9

INTRODUÇÃO 11

1. TRÊS QUESTÕES FUNDAMENTAIS 13

2. O QUE É LINGUAGEM CORPORAL 21

3. A EMPATIA DOS LÍDERES 25

4. COMO RECONHECER EMOÇÕES NOS DEMAIS:
A IMPORTÂNCIA DOS SINAIS PRIMÁRIOS 33

5. ATITUDE E POSTURA 47

6. APRESENTAÇÃO PESSOAL 59

7. GESTOS E OBJETOS DE PODER 69

8. AS MÃOS 87

9. O ESPAÇO DO LÍDER 99

10. NA MESA DE NEGOCIAÇÃO 109

11. NA MESA DE NEGOCIAÇÃO 2: INTERPRETANDO OS DEMAIS 115

12. O LÍDER CONECTADO 127

13. GESTOS DE CONEXÃO 131

14. GESTOS DE FALTA DE CONEXÃO 139

15. A LIDERANÇA FEMININA 145

16. A MENTIRA E A LIDERANÇA 157

17. A VOZ E OS IMPORTANTES 7% 175

18. LINGUÍSTICA TEXTUAL: AS PALAVRAS DOS LÍDERES 179

19. GESTOS QUE TODO LÍDER PRECISA CONHECER 183

20. PERGUNTAS QUE SÓ VOCÊ PODE RESPONDER 189

REFERÊNCIAS 193

Prefácio

É COM GRANDE SATISFAÇÃO que escrevo o prefácio deste magnífico livro. Trata-se de um trabalho pioneiro, no qual o autor, demonstrando enorme capacidade didática, estabelece as ligações entre a liderança e a linguagem corporal. Para facilitar o bom entendimento dessas ligações, permitam-me explicar o verdadeiro significado da fenomenologia da liderança.

Para ter sucesso na direção de um grupo humano, o indivíduo terá de desempenhar corretamente três funções.

Em primeiro lugar, deverá chefiar o grupo, isto é, empregar de forma adequada a autoridade da qual foi investido. A existência do chefe é sempre necessária porque, em qualquer grupo, sempre há pessoas que não cooperam com os trabalhos que precisam ser executados; usando sua autoridade, cabe ao chefe levar tais indivíduos a fazer a parte que lhes cabe. Porém, para exercer sua autoridade corretamente, ele deverá obedecer às leis do país em que vive, respeitar as normas da empresa ou instituição à qual estiver subordinado e respeitar os funcionários. Em resumo, não poderá agir fora da lei, tampouco de forma arrogante e prepotente, como se fosse o comandante de um navio pirata.

Em segundo lugar, deverá administrar de forma eficiente tudo aquilo que estiver chefiando. Entenda-se essa administração da forma o mais abrangente possível, englobando recursos humanos, financeiros e físicos. A boa administração é reconhecida pelos resultados favoráveis alcançados. No entanto, não basta chefiar e administrar: é preciso liderar aqueles que estiverem sob sua direção.

Mas o que é liderar? Chegamos à terceira função que precisa ser exercida com empenho.

Falando de modo bem simples, pode-se dizer que liderar é influenciar, mas tal influência deve ser exercida por intermédio da confiança. Se a influência for obtida por medidas coercitivas ou propaganda, não se trata de liderança; afinal, se esses dois fatores cessarem, a influência também terminará. Já a confiança, uma vez conquistada, dura até que ações equivocadas do líder provoquem a sua perda.

Entretanto, para obter a confiança de um grupo de indivíduos, é preciso dar bons exemplos, conhecer os integrantes do grupo e ajudá-los nas dificuldades, corrigi-los com sereno rigor e se comunicar com eles de maneira eficaz.

É justamente quando se faz necessário conhecer os integrantes do grupo e se comunicar com eles de maneira eficaz que a linguagem corporal presta ajuda fundamental ao líder. Nesta obra, o leitor aprenderá sobre o importante auxílio que a linguagem corporal pode prestar aos que desejam liderar. Aqui serão obtidos conhecimentos fundamentais para os que desejam chegar ao topo. Boa leitura!

MARIO HECKSHER NETO
Coronel de Infantaria e Estado-Maior (aposentado),
professor de Liderança na Academia Militar das Agulhas Negras
e professor emérito da Escola de Comando
e Estado-Maior do Exército

Introdução

NOS ÚLTIMOS ANOS, o tema da linguagem corporal disseminou-
-se extraordinariamente pelo Brasil, quer pela publicação de
novos livros e artigos, por entrevistas na mídia ou pelo surgimento de bons profissionais na área.

O interesse do público pelo assunto é notório. Todavia, é preciso levar em conta a outra face de qualquer tema de grande interesse: o aparecimento de charlatões das mais diversas espécies
e o péssimo aproveitamento de algo que, em princípio, é fundamental tanto na vida diária como em empresas, negócios etc.

Outro assunto que abordo em diversas palestras é o material
vindo do exterior. Não resta a menor dúvida de que muitos livros
são extremamente úteis e obrigatórios para os especialistas em
linguagem corporal. Contudo, deve-se considerar a especificida-
de de cada país. Livros escritos nos Estados Unidos ou na Europa
não tratam da realidade brasileira de forma específica – abordar
determinados gestos ou movimentos como são interpretados
nesses países muitas vezes é um erro fatal. Minha ideia é que o
leitor observe com cuidado determinadas características e não se
aventure em interpretações apressadas.

Durante mais de 30 anos pesquisei o tema da liderança, em
especial no âmbito militar. Há cerca de dez anos iniciei este livro,
cujos estudos estão, como sempre, focados no povo brasileiro,
em nossas vivências e experiências.

O objetivo principal é mostrar e ensinar de modo direto e simples como a linguagem corporal pode ampliar a nossa capacidade de liderança. Pequenos gestos, posturas, movimentos de mãos e de cabeça são capazes de potencializar a liderança de qualquer pessoa. Embora somente alguns indivíduos nasçam com o perfil de líder, a liderança pode ser treinada, aperfeiçoada e vivenciada no cotidiano.

Tenho certeza de que este livro será útil para todos aqueles que querem ser líderes. O Brasil está carente de homens e mulheres capazes de liderar e, sobretudo, de compreender a importância da liderança.

Agradeço a todos aqueles que me incentivaram a produzir esta obra, em especial aos companheiros que miraram na parede daquela velha casa os dizeres: "Cadetes, ides comandar, aprendei a obedecer".

O AUTOR

1. Três questões fundamentais

QUANDO COMECEI A PESQUISAR sobre linguagem corporal (LC) e liderança, deparei com inúmeras questões. Todavia, como este livro visa ser um manual prático e de utilização imediata, foquei em três temas que considero fundamentais:

- É possível reconhecer um líder por sua linguagem corporal?
- Pode-se compreender a personalidade de um líder observando sua linguagem corporal?
- É possível treinar e aprimorar a liderança por meio da linguagem corporal?

Acredito que o leitor, de maneira intuitiva, tenha respondido afirmativamente às três perguntas, mas a verdade é que a LC é foco de milhares de pesquisas científicas. Como veremos adiante, vários países se ocupam de avaliar e observar a linguagem corporal dos líderes, sobretudo para dar a seus presidentes, embaixadores, empresários e porta-vozes informações para que possam interagir de modo eficaz com pessoas de outras nações.

Observemos mais atentamente os três questionamentos feitos no início do capítulo.

É POSSÍVEL RECONHECER UM LÍDER POR SUA LINGUAGEM CORPORAL?

Sim. Ao longo deste livro, darei muitos exemplos de como é possível reconhecer o líder por seus movimentos, mesmo diante de uma multidão de anônimos.

Certa vez, analisando vídeos de criminosos que invadiram uma transportadora de valores, facilmente identifiquei o líder. Ele andava sempre à frente do bando e os demais olhavam para ele como se esperassem ordens. Quando conversavam, ficava no centro. Além disso, gesticulava bem mais que os comparsas.

Aqui adentramos um campo interessante: se você trabalha com recrutamento e seleção de pessoal, essas informações simples podem ajudá-lo a avaliar se determinados indivíduos são adequados para cargos de liderança. Antes mesmo da dinâmica de grupo, a postura dos candidatos, sua movimentação corporal, a posição do queixo e das mãos, a maneira como carregam seus pertences, o timbre e o volume da voz dão ao recrutador pistas importantes sobre cada um dos postulantes.

PODE-SE COMPREENDER A PERSONALIDADE DE UM LÍDER OBSERVANDO SUA LINGUAGEM CORPORAL?

Sim. Inúmeros estudos provam que 55% da comunicação entre duas pessoas ocorre de forma não verbal e 38% se dá pela tonalidade, pela intensidade e por características específicas da voz, enquanto apenas 7% se realiza verbalmente (Mehrabian, 1972). Claro que esses números variam de acordo com os autores; todavia, sem exceção, os especialistas afirmam que a linguagem corporal sempre transmite mais informações que a verbal.

As mensagens não verbais influem em cerca de 90% na avaliação das pessoas e parecem ter maior influência sobre o efeito total, em comparação com as mensagens verbais (Camargo, 2010).

Segundo Michael Argyle (1988), o comportamento corporal não verbal tem cinco funções preliminares:

- expressar emoções;
- expressar atitudes interpessoais;
- acompanhar o discurso e controlar a interação entre o emissor e os ouvintes;
- autoapresentar a personalidade;
- cumprir rituais (cumprimentos).

Somente os atores e alguns políticos treinam técnicas para expressar emoções. Grandes líderes carismáticos exibem-nas de maneira natural. Segundo Connors (2006), até 1986 a CIA teve um centro especializado para analisar a personalidade e o comportamento de figuras públicas, sobretudo políticos. A equipe interdisciplinar, chefiada pelo psiquiatra Jerrold Post, era composta por especialistas em comportamento, psicologia clínica, política e antropologia cultural. Menachem Begin, ex-primeiro-ministro de Israel, e Anwar Sadat, ex-presidente do Egito, foram analisados, o que forneceu orientações fundamentais para o presidente Jimmy Carter durante as negociações de Camp David.

Hoje, vários departamentos do governo americano, incluindo a própria CIA e o FBI, realizam pesquisas a fim de conhecer os políticos a fundo. Para tal, utilizam as mais diversas ferramentas com o objetivo de compreender melhor os líderes mundiais e prever suas ações.

Entre as novas técnicas utilizadas está a análise do movimento. Para Connors, trata-se de uma nova e promissora abordagem que pode complementar as formas tradicionais de avaliar os líderes e suas intenções: "Mova-te e eu te direi quem és".

O modo como alguém se movimenta – ou não – é único; trata-se de uma assinatura específica. Basta lembrar o andar característico de John Wayne e Gregory Peck, o rebolado de Elvis Presley e os trejeitos de Carmen Miranda.

Muitos líderes realizam gestos específicos que os tornam singulares, configurando-se como uma espécie de marca registrada. A mão estendida de Barack Obama ou os braços abertos com os cotovelos perto do corpo de Steve Jobs são exemplos clássicos. Em 1931, Allport e Vernon publicaram um estudo mostrando que, quando a personalidade está organizada, o movimento expressivo é harmonioso; quando desintegrada, o movimento é autocontraditório. Mais tarde, o antropólogo L. Birdwhistell (1970) utilizou o termo *kinesics* para ser referir ao estudo dos movimentos do corpo, das expressões faciais e de gestos.

É possível analisar um líder e algumas características de sua personalidade por meio da linguagem corporal, em que pese toda a gama de artifícios pirotécnicos que os marqueteiros utilizam para mostrar uma imagem ideal – e muitas vezes falsa – de determinados líderes, sobretudo os políticos.

A forma como o indivíduo se apresenta – roupas, calçados, corte de cabelo etc. – conta muito na avaliação que os outros fazem dele. Os ternos bem-cortados do ex-presidente americano Barack Obama contrastavam com o agasalho de certa marca esportiva utilizado pelo ditador Fidel Castro nos estertores de sua vida.

É POSSÍVEL TREINAR E APRIMORAR A LIDERANÇA POR MEIO DA LINGUAGEM CORPORAL?

Novamente, a resposta é sim. Os primeiros estudos sobre a influência da linguagem corporal nos debates presidenciais apareceram nos Estados Unidos em 1960. No dia 26 de setembro daquele ano, houve a primeira transmissão televisiva de um debate presidencial naquele país. Paralelamente, o evento foi transmitido pelo rádio. Dois meses depois, Kennedy ganhou a eleição por pequena margem de votos. A "virada" foi creditada ao desempenho no debate.

O que chamou a atenção dos analistas foi que os ouvintes, quando entrevistados após o debate, deram a vitória a Nixon. Todavia, os telespectadores elegeram Kennedy vencedor, na proporção de quase dois para um. Nixon estava pálido, suado e abaixo do peso devido a uma hospitalização recente, mas Kennedy se mostrava calmo e confiante. Enquanto este parecia relaxado, Nixon por várias vezes apresentou sinais de raiva (lábios afinados). Kennedy passara a noite anterior treinando com seu assessor as mais diversas respostas ao adversário.

Os analistas concordam que a aparência física de Kennedy influiu, mas não apenas. O candidato sabia lidar com as câmeras e falava diretamente aos telespectadores – entrava na casa deles, por assim dizer.

Robert Dallek, autor do livro *John F. Kennedy: an unfinished life (1917-1963)*, aponta que a diferença entre os dois candidatos a presidência era notória. Kennedy se comportava como um líder que sabia lidar com problemas da nação; já Nixon marcou presença com seus eleitores como alguém que tentava levar vantagem sobre o adversário. Convém lembrar que o desempenho de Nixon foi muito melhor nos debates posteriores. Todavia, o estrago estava feito.

Segundo a revista *Time*, aqueles 60 minutos na televisão foram cruciais para mudar a história do mundo. Kennedy venceu as eleições, e o que veio depois todos nós sabemos.

O Brasil também tem um bom exemplo de que a linguagem corporal pode ser treinada por líderes. Eleição presidencial de 1989: entre os debates, talvez o mais lembrado seja aquele que ocorreu três dias antes do segundo turno entre os candidatos Luís Inácio Lula da Silva e Fernando Collor de Mello.

A postura e entonação da voz de Collor eram secas, diretas, imponentes, contrastando com certa raiva que emanava de algumas respostas de Lula. O fato de este ter cometido erros de português também não passou em branco. Sabemos que houve certa manipulação midiática nesse debate, mas a imagem que Lula transmitiu a determinadas pessoas foi decisiva na escolha do seu candidato.

Anos depois, em 2002, nas mãos do publicitário Duda Mendonça, com ternos impecáveis, barba aparada, entonação de voz controlada, cabelos cortados e dentição renovada, Lula venceu José Serra e se tornou presidente da República. Obviamente, a mudança no visual não foi o único motivo da vitória; todavia o treinamento e a mudança de postura sugerida pelo marqueteiro mostraram-se essenciais.

Muitas organizações e instituições no Brasil ministram os mais diversos tipos de treinamento para alavancar sua liderança. Contudo, é uma pena que a linguagem corporal seja quase completamente ignorada. As Forças Armadas parecem mais avançadas nesse quesito, preocupando-se em formar quadros mais capacitados para liderar.

Se aqui falamos sobretudo de líderes mundiais, cabe destacar que todo tipo de líder – do coordenador de grupos ao presidente de uma multinacional, do professor ao policial – precisa estar atento ao seu desempenho não verbal.

MERKEL, A PODEROSA

Por mais que homens e mulheres tenham as mesmas atitudes, estas são percebidas e avaliadas de forma diferente. Às mulheres se associam qualidades como cordialidade, simpatia e bondade. Porém, quando elas comportam de forma dominante, podem ser vistas como desagradáveis, más, arrogantes e até frias. Angela Merkel, chanceler da Alemanha, já foi julgada assim, embora também transmita a ideia de competência e simpatia.

Analisando a linguagem corporal de Merkel, percebe-se um esforço enorme em transmitir uma liderança confiante, às vezes de modo exagerado. A chanceler estuda e pratica a arte da linguagem corporal em todas as suas interações, seja com os cidadãos, seja com outros chefes de Estado. De maneira inteligente, recorre à linguagem corporal para demonstrar força sem ferir egos nem gerar resistência. No mundo da política, as impressões são demasiado importantes para se deixar ao acaso.

O domínio começa logo nos cumprimentos: ao trocar beijos com seu interlocutor, Merkel otimiza e reafirma sutilmente a imagem de líder. Ao colocar ambas as mãos nos ombros de alguém, dá um sinal claro de domínio sobre o outro.

Sempre que possível, coloca-se no centro de seus interlocutores e faz o gesto denominado "cúpula do poder": junta as pontas dos dedos de ambas as mãos à frente do umbigo.

Pouco expressiva e controlada, efetua gestos retos, rápidos e precisos. Ri pouco, porque quem sorri ou ri muito tende a ser visto como menos capaz. Fala a maior parte do tempo com as palmas das mãos viradas para baixo, aponta com o dedo indicador ou usa o punho fechado para exercer autoridade. Além disso, faz contato visual direto e assertivo e não inclina a cabeça para o lado, gesto considerado submisso. Como os líderes "requisitam" território, Merkel abre os braços, afasta os pés, coloca os ombros para trás, posiciona cotovelos e mãos longe do tronco e não cruza os braços nem as pernas. Mantém sempre a cabeça erguida. A chanceler é hábil e tem conhecimento profundo sobre a eficácia das técnicas de linguagem corporal.

Alexandre Monteiro
Especialista em linguagem corporal

2. O que é linguagem corporal

Os TERMOS "LINGUAGEM CORPORAL" e "linguagem não verbal"-são muitas vezes utilizados como sinônimos. Todavia, existem pequenas diferenças entre eles.

Linguagem corporal refere-se aos movimentos corporais e faciais – gestos, movimentos e trejeitos pelos quais o ser humano (e até mesmo outros mamíferos) se comunicam.

Já a linguagem não verbal é tudo aquilo capaz de transmitir informações. Nesse sentido, uma placa de trânsito transmite uma mensagem não verbal.

Todavia, o assunto é mais complexo do que parece. A voz, por mais óbvio que pareça, está incluída na categoria das mensagens verbais; porém, seu tom e sua modulação contêm poderosas informações não verbais que por vezes desconhecemos.

Estudo conduzido por R. Nathan Pipitone e Gordon G. Gallup Jr. em 2008 mostrou que a voz pode influenciar o poder de atração. Na pesquisa, um grupo de 50 mulheres gravou a frase "one, two, three, four, five, six, seven, eight, nine, ten". A gravação foi repetida uma vez por semana durante um mês. Depois, cada uma delas revelou em que fase ocorrera seu ciclo menstrual.

Cinquenta homens, sem conhecimento prévio da pesquisa, deram notas de zero a cem de acordo com a "sensualidade" da voz das mulheres. Os gráficos elaborados pelos pesquisadores demonstraram que a maioria dos homens escolheu como voz mais sensual aquela gravada no período fértil das participantes.

O experimento foi repetido com mulheres que estavam tomando pílula anticoncepcional, mas o efeito não foi detectado. Isso demonstra que a natureza equipou tanto o homem como a mulher com instrumentos poderosos que muitas vezes desconhecemos.

A figura a seguir explica os principais componentes da linguagem corporal. Os círculos têm tamanhos diferentes porque as informações variam de acordo com diversos fatores: local, situação, pessoas envolvidas, movimentos etc.

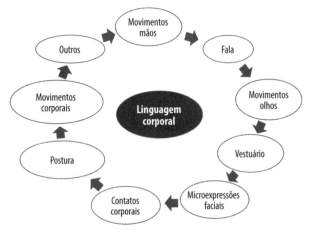

Principais componentes da linguagem corporal.

As dimensões continentais do Brasil permitem grandes variações e as mais diversas nuanças no que se refere à linguagem corporal. Além das diferenças linguísticas, alguns gestos diferem bastante de uma região para outra. Pensemos, por exemplo, no beijo no rosto. Em São Paulo, dá-se apenas um; no Rio de Janeiro, dois; no Rio Grande do Sul, três!

Além disso, muitos gestos nascem, vivem e "morrem" em apenas determinada região. Já outros surgem com determinada conotação e aos poucos se transformam. É o caso do famoso V da vitória feito por Winston Churchill em 1945. Na década de 1960, o gesto voltou a ser utilizado pelos hippies para representar paz e amor.

LIDERANÇA E LINGUAGEM CORPORAL

Duas marcas registradas de Churchill: o V da vitória e o charuto.

POTENCIALIZANDO A LINGUAGEM CORPORAL

Resumindo o que vimos até aqui: o líder deve ter em mente que a linguagem corporal é uma via de mão dupla, que permite transmitir informações e, ao mesmo tempo, analisar atitudes e gestos daqueles que o rodeiam. Com isso, certamente sua capacidade de liderança será ampliada. As técnicas são simples, diretas, eficazes e de uso imediato. Não tenha receio: utilize roupas, movimentos faciais e corporais para enviar poderosas mensagens para aqueles que estão ao seu redor. Faça isso diariamente, incorporando os conhecimentos deste livro. Tenho absoluta certeza de que você vai notar a diferença.

Nos próximos capítulos, estudaremos de maneira prática os elementos apresentados na Figura "Principais componentes da linguagem corporal".

3. A empatia dos líderes

UMA DAS FORMAS DE medir a empatia de um líder é analisar seu discurso. Vejamos, por exemplo, o caso de Martin Luther King. Em 28 de agosto de 1963, o líder do movimento contra a segregação racial nos Estados Unidos discursou em Washington para cerca de 250 mil pessoas. Falou de seu maior sonho: um mundo em que negros e brancos fossem iguais. As palavras do ativista se tornaram um verdadeiro símbolo da luta por direitos utilizando vias não violentas. Até hoje, King é visto como um líder tolerante e empático.

Donald Trump, por sua vez, durante a campanha presidencial de 2016, proferiu ameaças a diversas minorais, como latinos, imigrantes e trabalhadores ilegais. Também incitou o ódio aos árabes e incentivou o porte de armas. Como se não bastasse, fez piadas de mau gosto com mulheres e gays.

Esses dois exemplos suscitam duas perguntas: é possível adquirir empatia ou nascemos com ela? Como o líder deve utilizar a empatia para conquistar o coração de seus subordinados?

Antes de entrarmos no terreno da definição, convém lembrar o físico alemão Werner Heisenberg: "Toda palavra e todo conceito, por mais claros que possam parecer, têm apenas limitada gama de aplicabilidade".

Empatia vem do grego *empatheia*, que significa afeto ou paixão. O *Webster's new world college dictionary* assim define o termo: "Projeção de sua personalidade na de outra pessoa a fim de entendê-la melhor; capacidade de compartilhar emoções, pensamentos ou sentimentos com outrem".

Em alemão, empatia é *einfühlung*. Segundo Rodrigues (2015), "a palavra alemã tinha sido cunhada meio século antes pelo filósofo Rudolf Lotze (1817-1881) no campo da teoria da arte. Nomeava certa qualidade necessária à apreciação de uma obra artística: a capacidade que deve ter o receptor de projetar nela sua própria personalidade".

Existem explicações científicas para a empatia, muitas vezes descrita como "contágio emocional". Mais que isso, alguns estudos indicam que a empatia é uma reação humana universal. Os pesquisadores italianos Alessio Avenanti e Salvatore Aglioti concluíram, por exemplo, que a empatia pode levar ao altruísmo.

Paul MacLean (1990), neurocientista americano, sugere que o sistema límbico e suas conexões com o córtex pré-frontal provavelmente são responsáveis pela empatia. Ou seja, são capazes de proporcionar aos homens a capacidade de se colocar no lugar dos outros.

No Brasil, destaca-se o trabalho de Falcone e colaboradores, denominado "Inventário de Empatia (IE): desenvolvimento e validação de uma medida brasileira", realizado na Universidade do Estado do Rio de Janeiro.

Antes de continuarmos é preciso lembrar que nem a empatia nem a compaixão são emoções. Normalmente, ambas constituem reações às emoções de outra pessoa.

De qualquer modo, o líder precisa conhecer os três tipos principais de empatia: cognitiva, emocional e compassiva. Elas podem ocorrer de forma separada uma da outra ou em conjunto.

EMPATIA COGNITIVA

Esta é a principal das três; sem ela, as demais não existiriam. Trata-se da capacidade ou habilidade de identificar o que outro sente. Claro que isso varia de pessoa para pessoa; algumas têm maior sensibilidade para inferir com boa precisão os sentimentos e pensamentos de outrem.

O líder proativo identifica com perfeição aquilo que o outro sente; mais do que isso, observa a fundo as necessidades do grupo que lidera, ainda que não necessariamente sinta a mesma coisa. Por exemplo: um coordenador de equipe observa que determinado funcionário está triste, mas nem por isso sente tristeza. Predomina aqui a imparcialidade: o líder assume uma postura neutra e age de acordo com essa perspectiva.

Não se trata de parecer frio aos sentimentos e emoções de seus subordinados. Ao contrário: agindo dessa forma, o líder consegue refletir e tomar posições com mais assertividade. Tomar a raiva do outro para si quase sempre não é conveniente, sobretudo nos líderes que pretendem ser justos e imparciais.

EMPATIA EMOCIONAL

Já a empatia emocional, também chamada de afetiva, permite-nos compreender de forma mais ampla o que o outro está sentindo. Isso é comum diante de alguém que está triste pela perda de um ente querido: nós nos solidarizamos com sua dor.

Porém, o líder deve tomar muito cuidado para não se contaminar pelos sentimentos dos outros; em muitos casos, a empatia emocional amplifica-os, e quando estes são negativos pode-se perder a noção do que se faz.

EMPATIA COMPASSIVA

Aqui existe a necessidade de auxiliar o outro depois de reconhecida sua emoção. Esse tipo de empatia também é chamado de comportamental e inclui comportamentos verbais e não verbais.

Para Falcone, a empatia compassiva é fundamental para que a outra pessoa se sinta verdadeiramente compreendida. Burleson (1985) se refere a essa habilidade como uma estratégia sensível de consolar. Fica evidente que você consola o outro por meios de palavras ou atitudes não verbais. Oferecer um "ombro amigo" – tanto no sentido real como metafórico – significa reconhecer o problema de um indivíduo e ajudá-lo.

Ainda segundo Burleson, existem estratégias sofisticadas e empáticas que procuram explicar sentimentos e perspectivas sem realizar julgamentos. Aqui, o ponto de vista da pessoa é observado, aceito e legitimado.

Você certamente vai deparar com casos nos quais tenha de usar os diversos tipos de empatia, de forma individual ou combinada. Porém, leve em consideração que não se trata de uma receita de bolo: cada caso deve ser analisado de maneira específica. E lembre-se de que experiências e vivências acumuladas são capitais para que você resolva problemas utilizando a empatia.

O ALTRUÍSMO

Depois do que vimos até aqui, é natural que você conclua que o líder empático tende a ajudar os demais. O altruísmo é "a ajuda com intenção de auxiliar outra pessoa sem expectativa de qualquer compensação (senão o bom sentimento resultante)" (Michener, DeLamater e Myers, 2005, p. 300).

Diversos estudos mostram os efeitos positivos da empatia, como redução do conflito social, satisfação conjugal, redução de problemas emocionais etc. De acordo com Goleman (1999), pessoas sem empatia, além de enfrentar inúmeros prejuízos na convivência social, em casos extremos vivem à margem da sociedade. Deficiências na empatia estão associadas a distorções na percepção, assim como problemas de regulação e autocontrole emocional – que, nesse caso, favorecem o comportamento agressivo.

(Pavarino, Del Prette e Del Prette, 2005). A falta de empatia é identificada em muitos transtornos de personalidade, tais como personalidade antissocial, paranoide, narcisista etc.

Estudos realizados por neurologistas da Universidade Wilfrid Laurier, no Canadá, revelam que o aumento de poder afeta o funcionamento das funções cerebrais, levando inclusive à diminuição da capacidade de empatia. Portanto, o líder precisa ter muito cuidado para que o crescimento profissional não afete suas decisões cotidianas.

A COMUNICAÇÃO NÃO VIOLENTA (CNV) OU COMUNICAÇÃO EMPÁTICA

O psicólogo americano Marshall Rosenberg desenvolveu um método de comunicação empática que tem como pilares a comunicação eficaz e a empatia para o estabelecimento de relações de parceria e cooperação. A comunicação não violenta pode ser utilizada na prática e seus resultados são facilmente atingidos.

A CNV avalia as esferas pessoal, interpessoal e social, bem como proporciona a quem a utiliza maneiras eficazes de intervir nesses âmbitos. Para tanto, propõe que façamos distinções entre:

- observações e juízos de valor;
- sentimentos e opiniões;
- necessidades (ou valores universais) e estratégias;
- pedidos e exigências/ameaças.

DISTINÇÃO ENTRE OBSERVAÇÕES E JUÍZOS DE VALOR

É preciso observar o fato sem fazer juízos de valor (certo/errado, bom/mau etc.). Preste atenção no que o outro diz ou faz e evite, sobretudo no início da comunicação, realizar qualquer tipo de avaliação sobre ele; muitas vezes se trata do primeiro contato, no qual é sempre mais difícil fazer observações precisas.

DISTINÇÃO ENTRE SENTIMENTOS E OPINIÕES

Tente identificar com precisão os principais sentimentos envolvidos na comunicação. Quanto mais preciso você for, mais fácil será agir de maneira adequada em cada situação. A mistura entre sentimentos e opiniões raramente dá certo.

DISTINÇÃO ENTRE NECESSIDADES (OU VALORES UNIVERSAIS) E ESTRATÉGIAS

Os indivíduos têm as mais diversas motivações e necessidades. Cabe ao líder reconhecê-las, bem como os sentimentos relacionados a elas, por mais simples que sejam. Avaliar o assunto com precisão dá ao líder um poderoso instrumento, pois a gama de necessidade dos subordinados é alta: mudança no plano de saúde, desejo de promoção etc.

DISTINÇÃO ENTRE PEDIDOS E EXIGÊNCIAS/AMEAÇAS

"Não adianta falar, tem de saber pedir"; "Se não sei exatamente aquilo que você deseja, não posso lhe dar". Essas frases dão a medida exata do quarto pilar da CNV. É preciso pedir de maneira clara, precisa, concreta e positiva. Quanto maior é a clareza na solicitação, mais fáceis ficam as relações interpessoais. Aliás, a solicitação é encarada exatamente assim, não como obrigação; caso contrário, certamente se tornará exigência – que, quanto mais intensa, mais impositiva se torna. O líder terá de trabalhar de maneira intensa para mostrar aos demais que reconhece e interpreta as demandas de modo correto e o caminho que indica é o ideal.

Por mais que se aprofunde na prática da CNV, haverá momentos em que o líder terá certa dificuldade para reconhecer com precisão as emoções e os sentimentos dos demais.A chave é ouvir atentamente o outro. Não critique, julgue, discuta nem faça juízo de valor. Tente entender o que o outro deseja, seus anseios, suas necessidades. Responder com o "fígado" é uma expressão antiga, mas que serve perfeitamente. Não responda de imediato. Não entre em conflito. Por fim, não se esqueça de que cada vivência alavanca sua capacidade de empatia.

VLADIMIR PUTIN, CZAR DO NOVO MILÊNIO

Imprevisível, reservado, frio, implacável e corajoso, são algumas das características que o grande público associa a Vladimir Putin. Se compararmos essa imagem, por exemplo, com a do ex-presidente americano Barack Obama, a diferença é óbvia, mas não surpreendente. Afinal, toda a comunicação não verbal do líder russo contribui para aquela imagem, em especial nos três pontos concretos que destaco a seguir.

Em primeiro lugar, Putin é um homem corpulento, com anos de treino em judô – disciplina na qual é faixa-preta. Mesmo tendo apenas 1m70 de altura, nunca passa despercebido. Reclama seu espaço físico por meio de uma postura expansiva e não se deixa intimidar pelos líderes mais altos. O andar de Putin é rápido mas rígido, sem qualquer sinal de leveza. Transmite uma imagem dura, quase militar, tal como são as suas políticas e as suas declarações.

Em segundo lugar, sua expressão facial é pouco emotiva, na maioria das vezes fechada e implacável. Afinal, os anos de treino nos serviços secretos não foram em vão. Um sorriso atrai, contagia e faz as pessoas sentirem-se felizes. O que não acontece no caso de Vladimir Putin. Poucas emoções transparecem na face do líder russo. Logo, tomamos Putin por um homem frio, racional e até cruel. Mas, ao mesmo tempo, um líder que confere segurança e até certo ponto representa o poder e a tradição imperial da Rússia.

Em terceiro lugar, os gestos de Putin contribuem para sua imagem de pessoa fechada e até mesmo agressiva. Ele gesticula pouco e seus movimentos encaixam-se num quadrado imaginário que podemos desenhar entre, de um lado, o umbigo e o queixo e, de outro, a largura dos ombros. Utiliza ambas as mãos para reforçar os principais pontos do seu discurso, mas com gestos bruscos e curtos. Entre seus gestos mais usados estão apontar – seja para alguém ou para o ar com o sentido de "Atenção! Ouça bem o que eu dizendo!" – e depois então cerrar o punho. O gesto de apontar é internacionalmente percebido como agressivo, pois é associado a uma acusação. Por seu turno, o punho fechado representa a força e, em alguns casos, a agressividade. Tal como a mímica, os gestos de Putin não envolvem, não "abraçam" a audiência – ele está em público para se afirmar.

IRINA GOLOVANOVA
Especialista em linguagem corporal

4. Como reconhecer emoções nos demais: a importância dos sinais primários

— Tenente Carla, você está com raiva! Posso ajudar de alguma forma?

— Como o senhor sabe que estou raiva? Eu não disse nada...

—Eu sei que está. Seus lábios se afinaram quando veio me dar bom-dia e seu sorriso não foi totalmente verdadeiro.

— Major, o senhor não deixa escapar nada! Acabei de me envolver num pequeno acidente de trânsito, e estou chateada.

— Carla, vamos tomar um café e eu lhe ensino a observar sinais de raiva no rosto. Assim você aproveita e desfaz essa ruga vertical entre as sobrancelhas, a ruga da dificuldade.

Segundos depois, completei:

— Dessa vez seu sorriso foi verdadeiro.

Nesse exemplo, a simples identificação de uma emoção pelo líder fez que o dia da tenente fosse o melhor possível. Assim, pensemos no potencial de identificar determinadas emoções em negociações, seleção de pessoal, treinamentos, discussões etc. Tudo que você observar neste capítulo tem utilização imediata e prática; não existem segredos.

O líder utiliza a linguagem corporal para alavancar sua capacidade de liderança. Todavia, vai além: trabalha com essa ferramenta para interpretar não somente os seus liderados como o mundo ao seu redor.

EMOÇÕES *VERSUS* SENTIMENTOS

De acordo com o neurologista e neurocientista português António Damásio (2012), existem diferenças básicas entre emoção e sentimento. Segundo ele, emoção é o conjunto das respostas motoras que o cérebro faz aparecer no corpo em resposta a algo. É um programa de movimentos, como a aceleração ou a desaceleração do batimento cardíaco, a tensão ou o relaxamento dos músculos e assim por diante. Existe um programa para o medo, um para a raiva, outro para a compaixão etc. Já o sentimento é a forma como a mente interpreta esse conjunto de movimentos; é a experiência mental daquilo tudo. Alguns sentimentos não têm que ver com a emoção, mas sempre têm relação com os movimentos do corpo. Por exemplo, quando você sente fome, isso é uma interpretação da mente de que o nível de glicose no sangue está baixo e você precisa se alimentar.

No livro *Nonverbal communication: science and applications* (2013), Matsumoto, Frank e Hwang escrevem que as emoções são transitórias, constituindo reações biopsicossociais a acontecimentos que têm consequências para o nosso bem-estar e requerem ação imediata. Essas reações podem ser biológicas, psicológicas e sociais. As biológicas envolvem o Sistema Nervoso Central; as psicológicas demandam processos mentais para regular as emoções; as sociais estão ligadas ao contexto em que o indivíduo está inserido.

MICROEXPRESSÕES

Para entender de modo completo os sinais primários precisamos antes conhecer o conceito de microexpressões. São expressões faciais rápidas e involuntárias, que ocorrem em menos de ¼ de segundo. Em geral ocorrem quando a pessoa tenta ocultar ou reprimir determinadas emoções em situações de tensão ou estresse, como interrogatórios, entrevistas de emprego etc. Se, por um lado, as pessoas conseguem fingir determinadas emoções, por outro, são poucas as que têm sucesso ao fingir ou tentar esconder as microexpressões. É muito difícil movimentar e controlar determinados músculos faciais.

Os estudos pioneiros nesse campo, de Haggard e Isaacs, datam de 1966. A experiência filmou pacientes e terapeutas durante as sessões de análise, procurando elencar os elementos da linguagem corporal nessa interação.

As microexpressões ocorrem durante um tempo menor que ¼ de segundo, sendo difícil observá-las. No livro *Linguagem corporal – Técnicas para aprimorar relacionamentos pessoais e profissionais* (2010), descrevo alguns fatores que devem ser levados em conta nesse tipo de avaliação:

- os interlocutores estão em pleno movimento;
- a face muda de lado, principalmente quando existem mais de duas pessoas conversando;
- a iluminação pode influir de forma decisiva na observação;
- as microexpressões faciais não são simétricas;
- há pouco tempo para perceber os movimentos localizados na face;

Faço aqui uma ressalva: perceber microexpressões durante negociações tensas é bem diferente de estar sentado diante do monitor, avaliando diversas vezes e em câmera lenta a mesma imagem. Além disso, devido a fatores culturais, vivências e grau de formação, as pessoas não avaliam as microexpressões da mesma forma. Cada um de nós tem habilidades específicas para observar os demais, mas com treinamento essa capacidade tende a se ampliar.

EMOÇÕES PRIMÁRIAS

Na década de 1960, o cientista americano Paul Ekman (2005, 2009 e 2011) pesquisou de maneira profunda as expressões humanas e afirmou que muitas delas são universais e têm origens biológicas. As observações estavam em concordância com o livro *A expressão das emoções no homem e nos animais*, de Charles Darwin (2009), publicado em 1872. Ekman trabalhou com tribos isoladas de papuas, na Nova Guiné, que vivem praticamente na Idade da Pedra. Os nativos identificaram com grande facilidade as expressões de emoções nas fotografias de povos de culturas desconhecidas para eles.

Em seus primeiros estudos, Ekman priorizou seis emoções: raiva, nojo, tristeza, alegria, medo e surpresa. Na década de 1990, acrescentou a elas desprezo, culpa, vergonha, prazer, alívio, orgulho, constrangimento, satisfação e contentamento.

Ao longo do tempo, a quantidade de expressões primárias tem sido motivo de controvérsia entre os mais renomados pesquisadores. Pesquisa liderada por Rachael Jack (2009), da Universidade de Glasgow, sugere que existem apenas quatro emoções básicas: alegria, tristeza, "medo e surpresa" e "raiva e nojo". Segundo os pesquisadores os resultados mostraram que as expressões faciais de medo e surpresa e também de raiva e nojo são por demais semelhantes. A distinção entre elas provavelmente está baseada em uma resposta condicionada socialmente e não na evolução biológica. Para Jack, os resultados são consistentes com as necessidades evolutivas do ser humano.

Porque esse tipo de estudo atrai tantas pessoas? Desde o nascimento, desejamos apreender os sinais que nos são enviados. É uma forma de adaptação. Para nossos ancestrais, tratava-se de um item básico de sobrevivência, pois saber interpretar determinados comportamentos era vital para o homem primitivo. Por outro lado, Bradberry e Greaves (2014) afirmam que apenas 36% das pessoas são capazes de identificar as próprias emoções...

O fato é que, embora essas pesquisas sejam de grande valia, creio ainda ser muito útil avaliar as seis emoções básicas propostas por Ekman.

TRISTEZA

Observar os sinais de tristeza é de extrema utilidade para o líder. A pessoa à sua frente muitas vezes expressa o sentimento de desânimo ou frustração, que pode ter relação com o próprio líder ou com determinada situação pela qual o liderado passa. Em qualquer empresa é uma emoção facilmente vista, pois revela depressão, reações emocionais e físicas exacerbadas, choro, insônia, falta de apetite e outros transtornos.

É importante não fazer diagnósticos. Como vimos, o líder empático observará a situação e tomará medidas para melhorar a vida do funcionário na medida do possível.

SINAIS CORPORAIS DA TRISTEZA

- Os cantos internos das sobrancelhas se levantam e se encostam – um dos mais confiáveis sinais, pois poucos conseguem fazer o movimento voluntariamente.
- Surge uma ruga vertical na testa, entre as sobrancelhas.
- As pálpebras superiores ficam levemente caídas.
- Os cantos dos lábios se inclinam para baixo.
- As bochechas se levantam e produzem marcas de expressão que vão do redor das narinas aos cantos exteriores dos lábios. O músculo que ergue as bochechas produz essas marcas e levanta a pele abaixo dos olhos, que ficam mais estreitos.
- Entre os sinais físicos e fisiológicos, há perda de força muscular e a postura fica encurvada.

Em 17 de julho de 2007, um avião da empresa aérea TAM ultrapassou o fim da pista no Aeroporto de Congonhas quando pousava. Morreram todos os 187 passageiros e tripulantes da aeronave e mais 12 pessoas que se encontravam no solo. As fotos feitas durante a madrugada do resgate mostram o olhar tenso e preocupado de vários oficiais do Corpo de Bombeiros. Na face desses líderes observavam-se sinais visíveis de tristeza. O momento era de emoção, mas também de ação. Em contraste, na cabeceira da pista, alguns burocratas da aviação foram fotografados sorrindo durante um bom tempo, como se estivessem num campo de futebol contando piadas.

Como vimos, o líder necessita ter empatia, especialmente nos momentos de crise, em que se faz necessário a solidariedade com seus subordinados e até com pessoas fora de sua organização. O bom líder é antes de tudo um formador de opinião, e suas atitudes certamente vão influenciar os mais diversos tipos de pessoa.

O líder não precisa ficar exatamente triste, mas deve deixar transparecer que compreende a tristeza ou qualquer outra emoção do subordinado. Afinal, para alguns especialistas a face de tristeza nada mais é do que uma mensagem: por favor, me ajude.

RAIVA

De maneira geral a raiva é um estado emocional que pode ir de uma ligeira irritação à agressividade extrema. Na realidade, a raiva tem extremo valor funcional para a sobrevivência da nossa espécie, pois avisa ao outro que não se aproxime. Tanto nos animais como nos seres humanos, o objetivo é alertar possíveis agressores para que cessem a ameaça.

Sheila Videbeck (2006) descreve a raiva como uma emoção normal que implica uma grave reação desagradável e emotiva a uma provocação recebida. Quando fora de controle, influi de forma bastante negativa nos relacionamentos interpessoais.

A raiva passiva leva a ressentimento, culpa, autocrítica, desapego, choro falso, atitudes evasivas, derrotismo, chantagem emocional, comportamento obsessivo, manipulação etc. Já a raiva agressiva provoca *bullying*, destrutividade, vandalismo, mania de grandeza, direção perigosa, exibicionismo, desconfiança, ofensas, abuso sexual, dedo em riste, punho cerrado, abuso verbal, egoísmo, piadas preconceituosas, linguagem obscena etc.

É interessante notar que, em situações de tumulto (jogos de futebol, passeatas etc.), raramente existe contato físico antes que a expressão de raiva apareça em pelo menos um dos participantes.

SINAIS CORPORAIS DA RAIVA

- As sobrancelhas se aproximam e descem em direção ao nariz.
- A boca fica aberta quando a raiva é exagerada, com os lábios em forma de retângulo. Nas microexpressões os lábios se comprimem rapidamente.
- Os olhos ficam abertos e as sobrancelhas se aproximam das pálpebras superiores.
- A circulação nas mãos aumenta: mais quentes, preparam-se para golpear o objeto da raiva.
- Impulso de se aproximar do objeto que ocasionou a emoção.
- Aumento da frequência cardíaca, da pressão arterial e dos níveis de adrenalina e noradrenalina.
- Transpiração intensa e ofegante. Sensação de pressão, tensão e calor.
- Rubor.
- Mutismo, tendência a ranger os dentes e a empurrar o queixo para a frente.

Não é recomendado que o líder demonstre raiva. Trata-se de uma emoção que a maioria das pessoas entende como negativa. Porém, ao expressar intensa indignação, ele talvez deixe transparecer alguma raiva.

Os líderes democráticos tendem a sorrir mais, ao contrário dos autocráticos, tiranos e ditadores. Portanto, tome muito cuidado ao demonstrar raiva, pois você enviará mensagens negativas aos seus subordinados.

MEDO

O medo proporciona um estado de alerta decorrente do receio de fazer algo que representa uma ameaça, seja física ou psicológica. O pavor é a ênfase do medo. O medo provoca alterações no cérebro e mudanças no comportamento. Normalmente são utilizadas estratégias como fuga, imobilidade, agressão e submissão. O congelamento ou paralisia ocorrem nos casos extremos de medo, tais como horror e/ou terror.

O medo surge diante de determinados estímulos e quando sentimos que algo está em risco: nossa integridade física, um cargo, bens móveis e imóveis etc. Com vivências e experiências é possível controlar o medo, que muitas vezes é avaliado como racional ou irracional. O medo irracional é chamado de fobia.

SINAIS CORPORAIS DO MEDO

- Pálpebras superiores levantadas.
- Pálpebras inferiores levemente contraídas.
- As sobrancelhas se erguem e se juntam.
- A testa se ergue e surgem rugas horizontais.
- O queixo fica caído; os lábios mostram-se puxados horizontalmente.
- A circulação sanguínea aumenta nas pernas e as mãos ficam geladas.
- A transpiração aumenta e a respiração fica ofegante.
- A pessoa fica imóvel ou foge para evitar ser ferida.

Todos nós sentimos medo. O importante é a forma como lidamos com essa emoção.Na medida do possível, o líder não deve demonstrá-la, pois a maioria das pessoas vê isso como sinal de fraqueza. Existem várias técnicas para controlar o medo, como a respiração profunda e uma intensa preparação antes de qualquer contato com o público.

Diante do medo, as tensões são observadas no queixo e no pescoço.

ALEGRIA

A alegria é uma das emoções mais caras ao ser humano. Diversas teorias nos planos religioso, filosófico, psicológico e biológico tentam explicar a alegria e seus muitos efeitos no comportamento humano, que são extremamente positivos. Sempre desejamos prolongar ao máximo a situação que originou alegria.

Em termos psicológicos, a alegria é uma das emoções mais construtivas que o ser humano é capaz de expressar. Tanto que o psicólogo americano Martin Seligman (2002) a descreve como a união entre emoções e atitudes positivas.

O sorriso talvez seja a expressão mais comum da alegria. Pesquisas científicas comprovam que o ato de sorrir diminui o estresse e ajuda a combater a depressão. Assim, sorria sempre: faz bem para a sua saúde e para os que estão ao seu redor.

SINAIS DE ALEGRIA

- Os cantos da boca são puxados para os lados e para cima (sorriso).
- O riso verdadeiro provoca pés de galinha.
- Os olhos ficam entreabertos.
- As bochechas se erguem e as sobrancelhas descem levemente.
- O riso intenso produz movimentos corporais repetitivos e espasmos.

Quanto mais tenso for o clima nas organizações, menos as pessoas sorrirão. O sorriso envia uma mensagem simples, eficaz e direta: "Olhar pra você me faz sentir bem"; "Não tenho intenções agressivas em relação a você".

O sorriso atrai as pessoas. Não por acaso muitos líderes se preocupam em restaurar os dentes para que seu sorriso seja o mais perfeito possível. Dentes brancos e perfeitos transmitem a imagem de boa saúde física.

NOJO

No livro *A expressão das emoções nos homens e nos animais* (2009), Charles Darwin explica que o nojo se refere a algo revoltante. Trata-se de uma emoção tipicamente associada a coisas percebidas como sujas, incomíveis ou contagiosas.

Para muitos autores o reconhecimento do nojo é vital para sobrevivência das espécies. O fato de o nojo ser reconhecido de maneira universal sugere que se trata de um processo evolutivo. Ao vermos alguém comer algo estragado, logo concluímos que não devemos fazer o mesmo.

Normalmente o nojo está relacionado ao paladar, quer como algo percebido ou até mesmo imaginado. Em minhas palestras, sempre peço que os participantes se imaginem comendo um prato de sopa de barata. De imediato a face de nojo aparece em quase todos.

Para o psicólogo americano Paul Rozin (*apud* Ekman, 2011), os principais gatilhos do nojo são os produtos corporais: sangue, fezes, vômito, urina e muco. Criador do conceito de aversão interpessoal ou básica, ele cita quatro gatilhos interpessoais desencadeantes: o moralmente corrompido, o estranho, o doente e o desafortunado. É interessante notar que tais gatilhos são aprendidos.

William Miller (*apud* Ekman, 2011) assinala a função social do nojo, pois, uma vez que o asco é ultrapassado, cria-se intimidade, marca-se um compromisso social. A mãe que troca a fralda do bebê e o enfermeiro que cuida do doente são exemplos clássicos.

As mulheres e as crianças são mais sensíveis ao nojo do que os homens.

O nojo pode ser físico – quando, por exemplo, vemos comida estragada – ou moral, o qual está relacionado a atitudes. Especialmente nos dias de hoje, em nosso país, sentimos nojo dos corruptos.

SINAIS DE NOJO

- Impulso de se afastar do objeto ou virar a cabeça para longe dele.
- Olhos semicerrados.
- Pálpebras superiores se contraem no sentido horizontal.
- Ânsia de vômito.
- O lábio superior se ergue ao máximo.
- O lábio inferior se ergue e se projeta levemente para a frente.
- O queixo se contrai para o centro e para cima.
- A ruga da dificuldade surge entre as sobrancelhas.
- As bochechas se contraem e se erguem.
- Surge uma fenda, em forma de U invertido, que vai do redor das narinas até os cantos dos lábios.
- As narinas se levantam.
- A boca se contrai para dentro e perpendicularmente.
- Surgem rugas de expressão nas laterais do nariz.
- Pés de galinha ficam visíveis ao redor dos olhos.

O rosto de muitos líderes demonstra nojo quando eles estão em contato com pessoas. Trata-se de um péssimo meio de criar empatia. Durante a campanha presidencial de 2002, o candidato José Serra demonstrou nojo ao abraçar uma simpatizante. Mais recentemente, imagens do prefeito de São Paulo, João Dória, fazendo cara de nojo ao comer pastel ou tomar café com leite também foram bastante criticadas. Elas demonstram claramente o desgosto com que um líder cumpre parte de suas obrigações.

A cara de nojo afasta as pessoas; portanto fica claro que o líder deve evitá-la a todo custo.

DESPREZO

Foi Darwin quem primeiro reconheceu a expressão facial do desprezo. O cientista notou que o desprezo e a aversão sociomoral têm diversas características comuns, que podem ser confundidas entre si. Todavia, o desprezo não está incluído entre as seis emoções descritas por Ekman em seus estudos.

Na realidade, trata-se da mistura de nojo e raiva. Desprezar algo ou alguém significa considerá-lo inferior ou sem valor.

O desprezo varia de intensidade e normalmente está ligado ao *status* do indivíduo. Muitas vezes, o desprezo aparece junto com o nojo. Quando separados, o máximo de desprezo não chega ao máximo de nojo. Ou seja, como emoção, o potencial de nojo é bem mais intenso do que o desprezo.

Muitos autores, como o cientista português Armindo Freitas-Magalhães (2017), assinalam que é muito difícil identificar as sensações ligadas ao desprezo. Em geral, elas são múltiplas e difusas.

Já o professor Robert C. Solomon (2015) avalia o desprezo na mesma linha do ressentimento e da raiva. De acordo com ele, há três diferenças básicas entre essas emoções: o ressentimento é dirigido a um indivíduo de *status* mais elevado; a raiva é dirigida a pessoas do mesmo status; o desprezo é dirigido aos indivíduos de *status* mais baixo.

SINAIS DE DESPREZO

- O queixo se levanta.
- Olha-se em direção ao próprio nariz.
- Os cantos dos lábios se apertam.
- As pálpebras se contraem ligeiramente.
- Um dos cantos da boca levemente erguido é a expressão típica de desprezo.

A pior emoção que o líder pode demonstrar diante do subordinado é o desprezo. Quando ele mostra raiva diante de um erro grave do funcionário, este certamente é capaz de compreender a emoção do chefe. Todavia, no desprezo a mensagem é clara: "Sou superior a você", "Você não significa nada", "Olho você de cima, seu insignificante".

A cara de desprezo de políticos como Antonio Carlos Magalhães e Eduardo Cunha – sobretudo quando questionados por jornalistas – é um dos melhores exemplos dessa emoção. Não preciso me alongar nesse tema para demonstrar a capacidade destrutiva do desprezo nas relações entres pares, chefes e subordinados.

5. Atitude e postura

> "Carcaça, tu tremes? Tremerias muito mais
> se soubesses aonde te levo."
> GENERAL HENRI DE LA TOUR D'AUVERGNE,
> visconde de Turenne (1611-1675), antes da batalha

ESTOCOLMO, ESTÁDIO RÅSUNDA, 29 de junho de 1958. Final da Copa do Mundo. À época, o Brasil era ainda um país semi-industrializado, em que as condições de vida dos negros eram infinitamente piores que as de hoje.

Ao chegar à final, a seleção brasileira enfrentaria os suecos, que, segundo notícias da época, estavam treinados fisicamente de maneira científica para enfrentar qualquer adversário – eram os virtuais campeões do mundo.

Logo no início do jogo, aos 3 minutos, Liedholm fez o primeiro gol da equipe da casa, como dizem os locutores esportivos.

Nos segundos seguintes Didi, foi até o fundo do gol, pegou a bola e caminhou para o centro do gramado. Armando Nogueira, brilhante comentarista, escreve sobre aqueles passos: "Didi caminha com o porte de um rei negro de nação africana".

Ao caminhar de forma serena mas enérgica, com a cabeça erguida e passos largos, Didi disse algo para Garrincha, não sem antes dar uma espécie de chega pra lá em Zagalo – que pedia pressa para repor a bola em jogo. Os companheiros o circundaram de maneira natural.

Quando foi dada a saída, lançou a bola para Garrincha, que de imediato apareceu na frente do gol sueco. Observando Didi naqueles poucos segundos, nota-se a postura de um verdadeiro líder. Mais que isso, fica clara a atitude de quem não se intimida diante da adversidade. Didi merecia uma estátua.

ATITUDE

Antes de entrarmos na definição do termo "atitude" – que muitas vezes é mal compreendido –, gostaria de explicar que o estudo da linguagem corporal comporta a seguinte divisão: gesto, postura, atitude e estilo.

Gesto é qualquer alteração da posição; trata-se de um movimento do corpo ou de parte dele. Erguer a mão fazendo o sinal de positivo é um gesto. A expressividade humana é tão grande que podemos fazer milhares de gestos e até mesmo criar novos.

Quando mantemos determinado gesto por alguns segundos, isso se torna uma postura. Quando o militar faz uma rápida continência ao seu superior, trata-se de um gesto; quando ele presta continência durante todo o hino nacional, assume uma postura. Ressalte-se que cada militar desenvolve um tipo de continência, mesmo todas sendo quase iguais. A duração do gesto, a subida e a descida da mão diferenciam-se por pequenas variações de tempo e movimento.

Segundo o especialista em linguagem corporal Sergio Rulicki, a repetição de determinados gestos e posturas, embora diferentes entre si, gera a atitude. Já a mesma atitude não verbal utilizada em diferentes situações se torna estilo. Cada estilo está associado a uma gama específica de emoções.

Voltando à atitude, esse termo recebe inúmeras definições. Em 1935, Allport elencou 17 delas. Depois dele, centenas de autores fizeram o mesmo, sempre esbarrando em algumas das definições desse autor.

Para ele, atitude é um estado mental e neural de prontidão, organizado por meio da experiência, que exerce uma influência direta e dinâmica na resposta do indivíduo a todos os objetos e situações com os quais se relaciona.

De acordo com Krech e Crutchfield (1948), atitude é uma organização duradoura de aspectos motivacionais, emocionais, perceptuais e cognitivos em relação a determinado aspecto do mundo do indivíduo.

O *Dicionário eletrônico Houaiss da língua portuguesa* (2009), entre outras acepções, diz que atitude é o "comportamento ditado por disposição interior; maneira, conduta; posição assumida; modo ou norma de proceder; orientação".

Eagly e Chaiken (1993, p. 1) de certo modo definem a palavra de maneira intuitiva, mas essa acepção vem sendo aceita pela facilidade com que é apreendida. Para as autoras, "atitude é uma tendência psicológica que se expressa por meio da avaliação de algo em particular com algum grau de aceitação ou de reprovação." Especialistas concordam que o conceito de "avaliação" é o ponto fundamental para a definição de atitude.

Em resumo, atitude seria uma tendência ou predisposição adquirida e relativamente estável para agir, pensar ou sentir de determinada forma (positiva ou negativa) diante de um objeto (seja este um fato, um indivíduo, um grupo social, um conceito etc.). Quanto mais comprometido o líder estiver com determinada atitude e menos contraditório for em suas posições, mais credibilidade terá.

DIANTE DO PERIGO

Sempre que enfrentamos uma situação estressante, de medo ou de ameaça, o sistema nervoso entra em estado de máxima prontidão. Assim, nossa postura sai da ordem costumeira e só mais tarde se recompõe. Portanto, o líder deve ficar atento a situações que prejudiquem seu desempenho.

Em linhas gerais, a adrenalina, hormônio do estresse, é liberada e põe o corpo em estado de atenção plena: as funções cardíacas e circulatórias, a respiração, o processamento dos estímulos pelo cérebro e outras funções atuam com grande intensidade a fim de possibilitar uma reação rápida.

Nesse contexto, fala-se de uma reação de luta ou fuga, na qual todas as reservas de energias são colocadas a serviço do organismo. Hormônios como adrenalina, noradrenalina e dopamina provocam modificações cerebrais que aumentam o nível de vigilância do indivíduo.

A reação de lutar ou fugir foi descrita inicialmente em 1915 pelo fisiologista americano Walter B. Cannon. Para sobrevivermos diante de uma situação de risco, nosso cérebro toma três atitudes principais: fugir, lutar ou paralisar.

Por motivos óbvios, nossos ancestrais primitivos tinham menos força diante dos predadores e precisavam fugir deles a todo momento. Essa estratégia de sobrevivência permanece enraizada em nós. Diante de um indivíduo suspeito, por exemplo, tendemos a sair correndo.

Outra resposta do sistema límbico como defesa estratégica era a paralisação. Ficar imóvel nos faz passar despercebidos em situações de perigo. A paralisação é comum em muitos líderes e palestrantes. Hoje, o termo mais usado é "dar um branco"; a pessoa não tem qualquer tipo de reação, não sabe o que fazer diante de uma situação inusitada.

Há inúmeros exemplos de lutar, fugir ou paralisar na história da humanidade.

Em 2009, o comandante do voo 1549 que decolou do aeroporto LaGuardia, em Nova York, era Chesley "Sully" Sullenberger. Havia 150 passageiros e cinco tripulantes a bordo. Logo após a decolagem, o avião apresentou problemas. Ex-piloto de caça, com experiência em planadores, Sullenberger tinha nas mãos um avião com motores em pane. Diante de tão poucas alternativas, pousou com sucesso o avião no rio Hudson. Nesse caso, entrou em ação o chamado cérebro límbico, que se relaciona com o mundo circundante de maneira reflexa e instantânea, permitindo-nos sobreviver.

Entre os líderes, a fuga diante do perigo é sempre a atitude mais condenada. O já mencionado acidente da TAM em 2007, que matou 199 pessoas, deixou o país em choque e enlutado. Porém, o então presidente da República passou os dias seguintes ao acidente confinado em sua casa; a desculpa era uma pequena operação nos olhos que o impediu de aparecer por três ou quatro dias.

Em resumo: o líder não foge das situações, mas as enfrenta.

A LUTA

A forma como o então prefeito de Nova York, Rudolph Giuliano, reagiu diante dos atentados de 11 de setembro mostra que o verdadeiro líder encara a luta sempre que necessário. À época dos atentados, ele se mostrou solidário com a população e compareceu a diversos funerais. Suas mensagens públicas foram assertivas e, ao mesmo tempo, tranquilizadoras. Assim como Didi no famoso jogo da Seleção, Giuliani enfrentou com coragem o maior desafio de sua carreira.

Em geral, costuma-se confundir as palavras atitude e postura. Utilizo esta última para indicar postura física, posicionamento corporal e até mesmo movimento.

Se, de um lado, nem sempre é fácil mudar de atitude, de outro, mudar de postura é mais simples. Em ambos os casos, é preciso treino e consciência do que se quer transformar.

A POSTURA DOS LÍDERES

A mensagem corporal que o líder transmite aos demais é extremamente importante. Assim, é possível e necessário treinar as pessoas para que utilizem a postura corporal a fim de desenvolver e aprimorar a técnica de liderar. Alguns nascem com postura de líder, mas a liderança pode ser aprendida e treinada, fazendo a linguagem corporal parte desse processo.

Estudos comprovam que a postura física muitas vezes condiciona o comportamento. Mostram, ainda, benefícios e até mesmo alterações psicológicas e fisiológicas quando tomamos certas posturas de maneira prolongada. Colocar as mãos sobre a mesa ou com as pernas entreabertas e os pés plantados no chão (postura de leão de chácara) aumentam o nível de testosterona; ficar em pé nos torna mais resistentes à dor (Bohns e Wiltermuth, 2012).

O QUEIXO NA HORIZONTAL

Trata-se de uma das mais importantes maneiras de transmitir confiança. Observando as fotos de Didi no jogo já mencionado,- seus ombros estão erguidos, o queixo na horizontal, os braços acompanham o andar seguro e firme – em nenhum momento ele baixa a cabeça. Encara diretamente os adversários. Nesse caso, misturam-se a postura física e a atitude comportamental. Creio que não exista melhor exemplo do que esse para demonstrar a postura do verdadeiro líder, sobretudo em momentos de crise. Didi transmite energia com serenidade, mostra confiança naquilo que precisa ser feito. Seus passos firmes e seguros comprovam que o líder deve caminhar de modo confiante. Portanto, não corra, não se afobe, olhe para a frente com o queixo na horizontal, não curve os ombros para a frente. Se estiver sentado, estufe ligeiramente o peito e se ajeite na cadeira antes de levantar. Não erga o queixo: o sinal é de arrogância.

Muitos líderes, especialmente os de baixa estatura, fazem aquilo que chamo de "andar do boneco assassino": com o intuito de ampliar a área corporal, abrem os braços e movimentam os ombros para a frente e para trás. Essa postura é observada em policiais que desejam mostrar autoridade. Ao avaliá-la de forma mais atenta, percebemos o ridículo da situação. Evite.

OS OLHOS

Mantenha sempre contato visual com as pessoas, sobretudo quando um interlocutor estiver falando. Esse gesto indica alto nível de interesse. Olhe para as pessoas com respeito e admiração – certamente elas vão retribuir da mesma forma. Diz a sabedoria popular que os olhos são os espelhos da alma. Por outro lado, costumamos perder o contato visual quando não estamos escutando. Isso poderia ser resumido assim: "Minha fala é mais importante que a sua". Portanto, tenha especial cuidado para não "escutar" menos do que se faz necessário.

SORRIA

O sorriso enviado ao outro é uma poderosa mensagem: "Olhar para você me faz bem"; "Não tenho intenção de ser agressivo com você". O sorriso franco facilita os contatos e abre portas. Evite o sorriso falso – embora este não seja de todo ruim em determinados momentos.

FALE COM AS MÃOS

As mãos são poderosos instrumentos que auxiliam imensamente a fala – e, às vezes, até mesmo a substituem. Em lugares amplos, as pessoas podem não ouvir o líder, mas são capazes de perceber e entender o gestual das suas mãos. As mensagens com as mãos são extremamente poderosas quando bem direcionadas. Em meu livro *Linguagem corporal – Técnicas para aprimorar relacionamentos pessoais e profissionais* (2010), explico alguns desses gestos.

Estudos de neurociência mostram que a região do cérebro denominada área de Broca, essencial à fala, também é acionada quando gesticulamos; assim a mensagem é passada com mais intensidade.

PALMAS DAS MÃOS À MOSTRA

Trata-se de um sinal de sinceridade. Com os polegares voltados para cima, indicam vontade, energia, capacidade de levar em frente tudo que diz. Em geral, quando as palmas estão expostas, nossa postura é aberta, ou seja, "estou pronto para recebê-lo, e abraçá-lo". No Brasil, um dos expoentes desse gesto é o apresentador Silvio Santos, que fala com as palmas das mãos expostas, como se fosse abraçar a plateia. Tente imprimir energia às mãos, mas cuidado com os exageros.

APERTO DE MÃO

Gesto essencial para a aproximação entre as pessoas. Indica que estamos em concordância com o outro. Como é impossível ao líder apertar a mão de cada um diante de multidões, alguns escolhem aleatoriamente alguém e o cumprimenta "em nome de todos". Outros caminham dando tapinhas nas mãos das pessoas, como fazem os jogadores de vôlei ao fim da partida. Existem vários tipos de aperto de mãos. Contudo, o mais importante é tocar o subordinado. Mais adiante voltaremos a esse tema.

CHAME PELO NOME

Napoleão Bonaparte passava em revista as tropas quando olhou para um de seus soldados, veterano de guerra, aproximou-se e o chamou pelo nome: "Vi você em Marengo, no comando de um posto de artilharia". O soldado sorriu com lágrimas nos olhos. O detalhe é que a Batalha de Marengo (14 de junho de 1800), uma das mais importantes ocorridas no período napoleônico, acontecera havia mais de 10 anos.

Chamar as pessoas pelo nome cria empatia e dá importância especial ao seu interlocutor. Conhecer subordinados e parceiros pelo nome é essencial para o líder.

ESCUTE SEMPRE

"A natureza nos deu dois ouvidos e apenas uma boca para que ouvíssemos mais e falássemos menos." – Zenão

Escutar é uma arte. Por vezes o bom líder vai falar mais do que ouvir, mas quando for ouvir necessita focar intensamente no interlocutor. Nada mais desagradável para quem fala do que ver o chefe teclando, vendo e-mails, mexendo nos papéis etc. Em suma, preste atenção no outro, faça-o sentir que aquilo que ele diz é importante.

TOM DE VOZ

Procure manter o tom de voz sempre no mesmo nível, dando ênfase àquilo que considera mais importante. Não se altere, não grite nem mostre sinais de raiva. A voz é um dos principais elementos para enviarmos mensagens não verbais. Em determinados momentos, o mais importante não é o que você está dizendo e sim *como* está falando. A voz é passível de treino por especialistas; pena que muitos líderes empresariais desprezam esse fato.

SINTONIZE A LINGUAGEM CORPORAL COM A VERBAL

O ex-governador do Distrito Federal José Roberto Arruda, envolvido em escândalos de corrupção, disse em um comício perdoar todos aqueles que o acusaram; contudo,o gesto com a cabeça era de negação. Ou seja, a mensagem carecia de total credibilidade; de maneira consciente ou consciente, as pessoas percebem que não existe coerência naquilo que está sendo dito.

Quando a linguagem corporal concorda com a verbal, a credibilidade do líder tende a ser mais intensa.

O LÍDER E O SILÊNCIO

Muitas vezes, o mais importante não é o que o líder diz e sim aquilo que não diz. O silêncio, quando bem utilizado, é uma arma extremamente eficaz.

Ao fazer pequenas pausas na voz, o líder tem tempo para refletir; quando essas pausas são mais longas, é preciso ter em mente que tipo de mensagem ele deseja passar aos demais.

Para utilizar o silêncio como mensagem, levamos em conta os seguintes parâmetros:

- Timing: a medida precisa ser exata, senão a mensagem se perde.
- Gestos: devem acompanhar a dramaticidade do momento. A face tem de mostrar exatamente como nos sentimos em relação à pausa.
- Plateia: observe a reação das pessoas para tirar o máximo proveito do momento.

Na década de 1970, surgiram os primeiros estudos sobre o silêncio e suas funções na interação entre os seres humanos. Autores citados por Kurzon (2013), como Bruneau (1973), Jensen (1973), Johannesen (1974), Tannen e Saville-Troike (1985) e Jaworski (1997; 2005), assinalaram a importância do silêncio nas mais diversas circunstâncias, como em conversas, consultas médicas, entrevistas de emprego etc.

Dennis Kurzon (1997), professor de Linguística da Universidade de Haifa, Israel, cita cinco funções do silêncio:

- Criar vínculos: aqueles que oram ou fazem um minuto de silêncio querem mostrar que estão juntos.
- Afetar os demais: nesse caso, o silêncio pode indicar frieza, falta de interesse, indiferença, antipatia etc.
- Camuflar o despreparo: quando pego de surpresa diante de um questionamento, o indivíduo não consegue se explicar.
- Fazer um julgamento ou uma crítica: aqui, o silêncio pode indicar aprovação ou desaprovação de alguém, de algo ou de um fato.
- Aquecer o indivíduo antes da fala: enquanto pensa no que vai dizer, a pessoa fica em silêncio. Muitas vezes, movimenta o corpo antes para avisar que tomará a palavra.

O líder precisa interpretar de imediato o tipo de silêncio em que o subordinado ou o grupo está imerso; todavia, também necessita treinar a maneira como conduz o seu silêncio. Lembre-se de que o timing do silêncio em qualquer negociação é fundamental e exige treino e vivências. Alguns líderes silenciam durante curtos períodos com o auxílio de óculos, papéis e outros instrumentos.

Uma advertência: tome cuidado com o silêncio obsequioso demais, pois se trata de um sinal de submissão. Isso é observado quando a criança leva bronca dos pais, baixa a cabeça e não responde nada – literalmente se encolhe. Em termos de liderança, isso é um péssimo sinal. Embora possa usar o silêncio como arma, o líder deve ter a iniciativa da palavra, ou melhor, das ações. Vejamos a seguir maneiras de utilizar o silêncio a seu favor.

Para conhecer melhor os outros, a melhor estratégia é ouvir mais e falar menos. Deixe o outro falar, incentive-o com gestos não verbais. Mostre-se interessado e não o interrompa. Faça gestos afirmativos rápidos com a cabeça: assim você afirma que concorda com seu interlocutor. Sorria, pois isso mostra alegria com que o outro diz.

O líder sempre escuta os subordinados, mesmo nos assuntos mais triviais. Caso algum deles queira desabafar, ouça com atenção redobrada, pois assim a confiança se instala.

Em suas palestras ou ao fazer uma apresentação de negócios, diga uma frase de impacto e em seguida adote o silêncio estratégico. Certamente muito se lembrarão desse momento.

Não fale com o "fígado". Quando sentir raiva, opte pelo silêncio.Quando estamos com raiva, a possibilidade de dizer besteiras é muito grande. Siga o ditado árabe: "Não faça da sua língua a espada que cortará sua cabeça". Antes de dizer qualquer coisa, respire fundo várias vezes e mesmo depois de se acalmar pense mais um pouco. O líder contemporâneo é reflexivo e tem controle daquilo que diz e faz.

O silêncio pode torná-lo um sábio. Há alguns anos, pesquisadores prepararam um ator e o levaram para observar o debate entre doutores de certa universidade. Durante toda a discussão, o ator, apresentado também como doutor, não disse uma palavra; apenas anotava e fazia gestos com a cabeça. Mais tarde, solicitou-se aos participantes que avaliassem o ilustre convidado. Quase todos o consideraram detentor de profundo saber, um grande especialista. Apenas um indivíduo afirmou que não podia se pronunciar, uma vez que o "doutor" não dissera uma única palavra.

Quando as negociações chegam a um impasse e não avançam, o silêncio se torna um momento de reflexão que pode facilitar o surgimento de novas e interessantes soluções.

O escritor americano Mark Twain afirmou: "A palavra certa pode ser eficaz, mas nenhuma palavra foi tão eficaz quanto uma pausa bem cronometrada". Para finalizar, uma frase de Wittgenstein: "Sobre aquilo de que não se pode falar deve-se calar".

6. Apresentação pessoal

"Não existem mulheres feias, apenas mulheres preguiçosas."
HELENA RUBINSTEIN

NAS FORÇAS ARMADAS, UM dos itens avaliados que influi até mesmo na promoção dos militares é a chamada apresentação pessoal. O uniforme deve estar sempre impecável; uma simples condecoração necessita ser colocada de modo quase milimétrico no centro do bolso esquerdo. Qualquer mudança na ordem das colocações de divisas e estrelas é considerada quase um crime de lesa-pátria. Quando o militar novato coloca uma caneta no bolso da camisa é imediatamente repreendido por não existir no Exército a "Grã-Cruz da Ordem Planetária das Canetas".

A maneira como nos vestimos transmite diversas informações aos demais. Embora haja idiossincrasias e diferenças entre a cultura das empresas e fatores os mais diversos –como o clima –, vestir-se bem é essencial para o líder.

Em *O Pequeno Príncipe*, Saint-Exupéry fala sobre o astrônomo turco que em 1909, num Congresso Internacional de Astronomia, fez a grande demonstração da sua descoberta, o asteroide B 612. Porém, por causa das roupas que usava, ninguém lhe deu crédito. O autor prossegue: "Felizmente, para a reputação do asteroide B 612, um ditador turco obrigou o povo, sob pena de morte, a vestir-se à moda europeia. O astrônomo repetiu sua demonstração em 1920, numa elegante casaca. Então, dessa vez, todo o mundo se convenceu".

Pesquisas recentes mostram a importância do vestuário na avaliação das pessoas. Modelos vestindo roupas elegantes foram avaliados por diversas mulheres. Os mesmos modelos, vestidos com uniformes de limpeza, receberam baixas avaliações delas. Curiosamente, muitas das mulheres não perceberam que os homens eram os mesmos em roupas diferentes.

Hoje, as roupas de grife são sinônimo de *status* e poder. Assim, de forma obrigatória, o líder deve vestir-se bem e, ainda, de acordo com as circunstâncias.

Quando era prefeita de São Paulo, Marta Suplicy resolveu visitar a periferia da cidade. As fotos dela pulando uma poça d'água com roupas e sapatos de marca foram notícia em diversos jornais.

Lembre-se de que as roupas transmitem muitas informações, como poder econômico, formação moral, região em que a pessoa vive e grau de instrução. Bom gosto e estética não são valores exatamente palpáveis; todavia, a combinação de determinadas peças mostra conhecimentos específicos sobre moda, atualidades etc.

A apresentação pessoal do líder não se restringe às roupas. Também é preciso observar detalhes como:

- asseio corporal;
- unhas limpas e aparadas;
- dentes bem cuidados;
- barba escanhoada ou bem aparada;
- sapatos limpos e bem conservados;
- cabelos cortados;
- joias e acessórios.

Não se trata aqui, é claro, de escrever um manual de boas maneiras ou de moda; porém, todo líder precisa estudar esse assunto para obter e manter a credibilidade. O bom consultor de imagem analisa e monta uma paleta de cores para que você não erre na hora de escolher roupas e acessórios.

O líder necessita mostrar a melhor imagem de si. Ao se vestir, respeite a si mesmo, o ambiente em que está inserido e as pessoas com quem se relaciona. O especialista em linguagem corporal Joe Navarro diz que, nos negócios, devemos nos vestir para imitar e não para impressionar. A dica é tomar os superiores como modelos.

"BONITA CAMISA, FERNANDINHO!"

Em 1984, o comercial criado para as camisas USTOP pela agência paulista Talent tornou-se um clássico da propaganda brasileira. Nele, os funcionários estão posicionados à mesa de reunião quando o chefe se senta à cabeceira. Fernando, que está mais longe, é o único a vestir camisa azul, enquanto todos os colegas estão de branco. O chefe pergunta que moda é aquela e o funcionário responde que se trata da nova coleção da USTOP. O chefe o elogia. Na segunda cena, o rapaz aparece já no meio da mesa e com nova camisa diferente da dos outros, que agora copiam o primeiro modelo usado por ele. O chefe mais uma vez elogia Fernando. Na última cena, com Fernando já sentado ao lado de seu superior, o locutor diz: "O mundo trata melhor quem se veste bem", e nota-se que chefe e subordinado usam camisas idênticas. A peça publicitária termina com o homem mais velho dizendo: "Bonita camisa, Fernandinho".

Mais adiante voltarei a esse comercial para falar sobre o posicionamento nas mesas e sua importância para o líder e as negociações.

João Luís era o melhor vendedor de sua equipe e me disse ter vários "segredos" para ser bem-sucedido. O principal, segundo ele, era levar no carro gravatas, paletós e sapatos diversos. João trocava de roupa de acordo com o local visitado e o tipo de cliente a ser atendido. Queria se identificar ao máximo com os clientes. Apesar disso, em relação aos demais vendedores, vestia-se para se diferenciar e não para ostentar. Intuitivamente, utilizava uma técnica que abordaremos mais adiante: o espelhamento corporal e verbal.

A moda muda muito e sempre. Portanto nem sempre aquilo que serve para uns deve ser usado por outros. O bom senso deve prevalecer. Nesse sentido, o cabelo bem-cuidado é fundamental: as madeixas têm de estar sempre bem cortadas; raiz com cor diferente do resto dos fios é sinal de desleixo; tinturas exóticas, somente se trabalhar com moda e artes; madeixas com aparência de sujas, nem pensar. Lembre-se: o cabelo é a moldura do rosto.

A BELEZA

Talvez esse seja um dos itens mais controversos na linguagem corporal. Segundo cientistas a natureza privilegia apenas entre 2% e 3% da humanidade com a beleza, ou seja, temos cerca de 200 milhões de pessoas bonitas no mundo para uma população de 7 bilhões. Crianças e adolescentes dotados de beleza são mais cercados de atenção e amor; também têm facilidade de ascender na carreira.

Sem sombras de dúvida a beleza abre portas. Daniel Hamermesh, respeitado economista da Universidade do Texas, diz em entrevista à revista Época (Martins e Perosa, 2011) que, como os indivíduos bonitos são raros, há muita demanda por eles. Logo, criam-se um mercado e um valor mensurável para a beleza humana. Hamermesh calcula que, ao longo da vida inteira, um profissional de ótima aparência receba nos Estados Unidos cerca de US$ 230 mil a mais que alguém que não tenha boa aparência. Observe que o especialista fala em boa aparência e não necessariamente em beleza.

Para muitos cientistas, a beleza do rosto é medida pela proporção, ou seja, quanto mais proporcional, mais bela a pessoa é. Sem dúvida artistas como Angelina Jolie e Brad Pitt são exemplos disso. Mas não se engane: cirurgias plásticas, truques de maquiagem e iluminação, roupas e penteados muitas vezes realçam a beleza e até mesmo tornam as pessoas bonitas.

O certo é que estudos mostram vantagens que as pessoas consideradas atraentes ganham mais: até 20% no caso dos homens e até 10% quando se trata de mulheres. Pesquisa realizada pela revista *Newsweek* com 202 profissionais de recursos humanos nos Estados Unidos mostrou que, apesar do discurso politicamente correto, na vida real a aparência vem logo atrás da experiência e da autoconfiança como critério de contratação – à frente da escolaridade (Martins e Perosa, 2011). Para 57% dos recrutadores, o candidato "qualificado, mas feio" teria problemas para se empregar. Como a beleza física é bastante valorizada, alguns psicólogos criaram o termo "preconceito facial" para determinadas escolhas.

Em 2000, a Comissão de Constituição e Justiça do Senado Federal aprovou um projeto de lei que impede que empregadores apontem "boa aparência" como item obrigatório para os candidatos. Contudo, frequentemente surgem notícias de pessoas que procuram funcionários bem apessoados. Tanto nos Estados Unidos como no Brasil, os recrutadores aconselham a cuidar tanto da aparência como do currículo.

Pesquisas que avaliam confiança e honestidade mostram que os participantes em geral são mais predispostos a confiar em pessoas com rostos inocentes, inclusive quando existem provas de que elas já enganaram outras. Confirmei esse fato em uma palestras que proferi na cidade do México. Mostrei à plateia a foto da assassina dos pais Suzane von Richthofen. A avaliação foi extremamente positiva.

NÃO É PRECISO SER BONITO, MAS ATRAENTE

No livro *Capital erótico* (2013), Catherine Hakim retoma algumas ideias de Pierre Bourdieu, que elencou três principais atributos pessoais que auxiliam o indivíduo a se destacar profissional e socialmente: os capitais econômico, cultura e social. A cientista inglesa, todavia, vai mais além: em sua obra, ela pesquisa e mostra o potencial do capital erótico – misto de beleza, charme, elegância e *sex appeal*.

Entre os elementos que compõem o capital erótico, Hakim cita: atratividade; atratividade sexual; charme e graça; dinamismo, misto de boa forma, energia social e bom humor; aparência bem-cuidada; competência sexual. Diz, ainda, que os portadores de capital erótico devem utilizá-lo sem ressalvas para crescer profissional e socialmente.

Para encerrar, a autora se dirige especialmente às mulheres, afirmando que o capital erótico é uma ferramenta poderosa para elas. Segundo a autora, elas devem utilizar a beleza natural para conseguir seu lugar no mercado de trabalho e até mesmo na sociedade, diminuindo assim o abismo entre os sexos, sobretudo no meio empresarial. Por mais que o livro seja polêmico, trata-se de um estudo científico sério.

Fato é que as pessoas deveriam unir a boa aparência física com inteligência; trata-se de um rápido meio para a ascensão profissional e social.

No artigo "Em defesa dos vaidosos", o jornalista Leandro Narloch cita pesquisa da Federação do Comércio de Bens, Serviços e Turismo do Estado de São Paulo (Fecomercio) segundo a qual os brasileiros gastam mais em beleza (20,3 bilhões de reais) que em educação (17 bilhões). O colunista defende os vaidosos e vai além: "Se o objetivo do consumo é aumentar o salário, gastar na manicure e no cabeleireiro não é tão absurdo quanto parece".

Na realidade, para o líder trata-se muito mais de investimento do que de vaidade propriamente dita. Sem entrar em polêmicas, já que a educação aumenta consideravelmente a renda de quem estuda, a boa apresentação, como vimos, também consegue empregos e bons salários. Um último dado nesse sentido: pessoas obesas tendem a ganhar menos que as magras, mesmo que sejam mais bem preparadas e competentes.

MARCAR PRESENÇA

Toda vez que conhecemos alguém, de imediato fazemos comparações, avaliamos a pessoa e, quase de modo inconsciente, a posicionamos em determinado *status* em relação a nós. Somos iguais, melhores, maiores, mais ou menos importantes. Quase sempre nos relacionamos com o outro partindo dessa avaliação (que muitas vezes está errada). Por exemplo, quando alguém lhe apresenta o dr. Fulano, qual é sua postura diante dele? Você observa as roupas, o relógio, os sapatos, a postura etc. Certamente suas avaliações serão diferentes caso o dr. Fulano estive de chinelo de dedo e bermuda rasgada.

Não se preocupe, não se trata de preconceito; de uma forma ou de outra, todos fazemos isso. Portanto, pense na imagem que você deseja passar; bermuda rasgada ou terno alinhado? O líder sempre faz os demais sentirem sua presença; ela influencia pessoas e situações.

A postura corporal é um dos melhores meios de marcar presença. Presença é um conjunto de características que vai além da boa apresentação, do modo de se portar, de falar e agir. Robert B. Dilts, em palestra no Instituto Elsevier (São Paulo), afirmou que a presença é associada a sentimentos de vivacidade, conexão, criatividade e fluência (*flow*).

O líder marca presença pela postura autoconfiante com que entra nos lugares e sai deles. Mas faz isso sempre de forma natural, sem afetação. Como tem boa percepção de si, sente-se confortável nos lugares onde transita; não precisa interpretar o papel de líder, porque em essência é isso que ele realmente é.

Não se esqueça de utilizar todos os gestos apontados até aqui: ombros erguidos, queixo na horizontal, andar firme e decidido, olhar que mira diretamente o interlocutor etc.

O CABELO FEMININO

O antropólogo inglês Desmond Morris diz no livro *A mulher nua* (2005): "Ao contrário dos macacos, que desenvolvem um pelame antes de nascer, nós preservamos o padrão capilar fetal durante toda a vida. Os homens são menos evoluídos que as mulheres nesse aspecto, pois possuem um corpo mais peludo, além de bigode e barba, mas ambos os sexos se mantêm funcionalmente nus na maior parte da superfície corporal".

De acordo com alguns autores da psicologia evolutiva, os pelos não evitariam tanto a insolação nem aqueceriam o bastante em uma noite fria. Muito do que sabemos sobre a pelagem humana está no campo da especulação.

Aliado à face imberbe da mulher, o cabelo cria um contraste visual interessante e atraente para os homens. Ao longo do tempo, tornou-se uma característica feminina individual; assim diante da criatividade humana, o cabelo foi e é diariamente cortado, alisado, remexido, preso, solto e pintado. Quando menos se espera surge um corte novo, que passa a ser copiado por milhões de mulheres no mundo inteiro.

Quantidade de cabelo

A cabeça humana tem cerca de 100 mil fios de cabelo, que crescem em média um centímetro por mês. O que diferencia os cabelos dos pelos comuns é a elevada concentração na pele e também a maneira como ele cresce. Segundo Morris, as loiras têm cabelos mais finos e, em compensação, um número de fios ligeiramente superior à média – cerca de 140 mil. As morenas têm 108 mil fios, enquanto as ruivas, cujo cabelo é mais espesso, têm apenas 90 mil.

Cabelo e mudança

Cortar o cabelo de determinada forma indica, acima de tudo, uma atitude, um posicionamento. Muitas mulheres, quando dizem que vão "mudar de vida", logo mudam o cabelo.

Cabelo e gestos

Ao mexer no cabelo, a mulher envia sinais aos que estão ao seu redor. Muitas vezes esses sinais são sensuais e sexuais;

contudo a maioria dos homens não sabe interpretá-los de forma adequada.

Cabelos como barreira

Imagine uma moça num carro, do lado direito da rua, parada no semáforo. Logo um rapaz emparelha seu veículo com o dela. Se ela coloca o cabelo por cima da orelha esquerda, cria uma barreira e sinaliza: "Não quero escutá-lo nem falar com você, estou me protegendo". Contudo, se ela deseja estabelecer contato, puxa o cabelo para trás da orelha. Assim, abre espaço para ouvir, abre caminho para que o outro possa chegar. O sinal mais evidente de que quer contato com o rapaz é quando pega o cabelo com a mão direita por cima da cabeça e joga-o todo para o lado direito, expondo a nuca. Sinal evidente que está disposta a conversar com ele.

Não é raro observar mulheres de frente para homens baixar a cabeça e colocar o cabelo na frente do rosto, impedindo qualquer contato visual. Esse gesto é mais comum em meninas adolescentes.

Muitas vezes, o cabelo é jogado para a frente a fim de proteger o colo; trata-se de uma atitude bastante defensiva e quase imediata quando a mulher se sente invadida pelo olhar masculino.

Enrolar as pontas do cabelo com os dedos

Trata-se de uma variante do gesto de "observar a cutícula": "Não estou interessada no que você está dizendo, as pontas de meu cabelo são mais importante que isso". Gesto de desprezo, às vezes é realizado de modo inconsciente e deve ser evitado, pois é facilmente percebido.

Mexer no cabelo

É o sinal clássico feminino de se ajeitar, de se arrumar e dizer aos demais que é bonita, que deseja ser observada. Isso ocorre sobretudo quando a mulher utiliza as duas mãos para jogar o cabelo para trás ou para esvoaçá-los. Denota vontade de se expor aos demais; trata-se de um gesto de abertura, pois normalmente expõe, ainda que de forma rápida, o pescoço e tronco. Algumas mulheres inflam os pulmões para que os seios se destaquem. O potencial erótico é evidente e a mensagem não deixa dúvida: "Quero me mostrar".

Alisar o cabelo

Alisar o cabelo com as mãos de forma cuidadosa e carinhosa é outra poderosa mensagem sensual. Indica que a mulher se arruma para mostrar aquilo que tem de melhor. Esse gesto indica sensualidade quando ela está diante de outros; quando sozinha, denota necessidade de carinho. Quando o cabelo é alisado com mais força (com uma ou as duas mãos), indica que a pessoa (homem ou mulher) está diante de uma situação tensa, ansiosa, preocupada.

7. Gestos e objetos de poder

Nos ANOS 1990, UM famoso lateral da Seleção brasileira foi jogar na Espanha. Certa vez, acabou se desentendendo com determinado jornalista e, na troca de insultos, disse: "O relógio que tenho no pulso vale mais que um apartamento, coisa que você nunca vai ter". A mensagem foi bastante clara: "Sou poderoso", "Tenho mais poder do que você".

Durante a Segunda Guerra Mundial, o primeiro-ministro inglês Winston Churchill soube captar como poucos líderes a importância do gesto e da vestimenta. O uso do charuto como ponto de referência e os dois dedos em forma de vitória se tornaram sua marca registrada.

A linguagem corporal mostra de forma inequívoca o *status* de cada indivíduo dentro de um grupo. Quando duas ou mais pessoas estão juntas, fica fácil avaliar quem lidera quem. Segundo especialistas, as pessoas se organizam conscientemente e com isso sabem – também de modo consciente – quem tem a posição mais elevada no grupo.

Observe um grupo de longe: toda vez que alguém disser algo, se posicionar ou até mesmo contar uma piada, as pessoas vão se voltar para o líder à procura de aprovação. Além disso, o tronco e as pontas dos pés dos participantes estarão voltados para ele. Além disso, os submissos normalmente imitarão a postura do líder, até mesmo a forma como este se movimenta e ri.

GESTOS DE CONFIANÇA

Existem pequenas diferenças entres os gestos de poder e os gestos de confiança. Estes últimos, como o próprio nome diz, são aqueles pelos quais a pessoa deseja demonstrar aos demais sua autoconfiança. Como os de poder, ocorrem de modo consciente e inconsciente. Quando mais espontâneo for o gesto, mais credibilidade transmitirá.

É possível, por meio de treinamentos específicos, passar aos demais a imagem de confiança em si por meio de gestos. Estes são incorporados e passam a fazer parte do gestual da pessoa. Isso é positivo, sobretudo no caso de líderes, políticos, apresentadores, atores, presidentes de empresas, diretores etc. Mais do que isso, qualquer pessoa que interaja com outras certamente aprimora seus relacionamentos quando demonstra confiança.

É evidente que o estado de espírito influi de maneira decisiva nesse processo; contudo, ainda que o indivíduo não esteja bem interiormente, os gestos enviados podem influenciar de maneira decisiva quem os observa. São centenas de gestos ou microgestos que ocorrem simultaneamente em todo o corpo; sua quantidade e qualidade variam de pessoa para pessoa.

Aqui é bom recordar um dos parâmetros do estudo os gestos: o importante é como a pessoa que observa interpreta o gesto enviado. Depois de realizado o gesto, o interlocutor o interpretará de acordo com suas crenças, seu conhecimento, sua intuição etc. Por exemplo, o dedo indicador unido ao polegar significa moeda no Japão, zero na Rússia, OK nos Estados Unidos e algo deveras ofensivo no Brasil. Quando a NBA, liga de basquete americano, realizou jogos no Brasil, instruiu os jogadores a não realizar tal gesto, muito usado quando fazem a cesta de três pontos.

UM GESTO, MUITOS SIGNIFICADOS

Às vezes é fácil observarmos "gestos contraditórios" de confiança e insegurança ao mesmo tempo. A pessoa é bastante confiante em si, mas em determinado momento ou situação fica totalmente insegura. É certo que pode se recuperar em alguns segundos, mas os gestos de hesitação apareceram. Debatedores mais perspicazes conseguem observar isso com facilidade nos interlocutores e muitas vezes agem de imediato naquilo que consideram deficiências.

Os gestos de confiança aparecem nas mãos, no tronco, na cabeça, nas pernas, nos olhos, nas sobrancelhas etc. Sem falar na entonação da voz, que muitas vezes é um poderoso instrumento para transmitir credibilidade aos demais.

O tema é bem extenso, mas a seguir descrevo alguns gestos que são utilizados em nosso cotidiano. Como líder, você precisa incorporar muitos deles ao seu repertório. Todavia, treine bastante de modo que eles pareçam o mais naturais possível. Embora aqui estejam enumerados, os gestos não são observados de maneira isolada.

A CABEÇA

Estudo realizado na Universidade de Newcastle (Sulikowski *et al.*, 2015) relatam que a inclinação da cabeça determina o nível de atração para o sexo oposto. Segundo os pesquisadores, o ângulo do qual apreciamos a face de uma pessoa, determina a nossa percepção de sua masculinidade ou feminilidade. Para enviar sinais de masculinidade, o homem deve inclinar um pouco a cabeça para trás. Já a mulher, para se mostrar mais feminina, faz o contrário: inclina a cabeça ligeiramente para baixo.

O QUEIXO

O queixo, assim como o tronco e ombros, é por demais importante na observação e na avaliação da autoconfiança de alguém. Observe de maneira atenta a posição do queixo:

- Paralelo ao chão: indica equilíbrio, serenidade, capacidade de debater sem se abalar (evidentemente, isso deve ser conjugado com os olhos e as sobrancelhas). É essa a posição que o líder sempre adota, transmitindo alto nível de confiança naquilo que pensa e no que faz.

- Queixo apontado para o chão: caso a cabeça pareça caída, indica insegurança, desânimo, falta de vontade, medo de encarar o outro (ou os problemas). É sinal de derrota e de incapacidade de levar em frente aquilo que realiza. Em alguns casos, indica depressão. A mensagem enviada é a pior possível, especialmente quando os ombros estão caídos.

- Queixo para cima: normalmente a interpretação inicial é de orgulho, confiança, vontade, superioridade. Todavia, quando o queixo se ergue um pouco mais é sinal de orgulho desmedido, arrogância, desprezo. A pessoa tenta olhar o interlocutor "de cima". Trata-se de um gesto a ser evitado; o ar de superioridade prejudica negociações e relações interpessoais. Líderes arrogantes, como Kadafi, Hugo Chávez e Mussolini, andavam de queixo erguido.

O TRONCO

Mesmo sem ter nenhuma noção de linguagem corporal, as pessoas reconhecem o estado de ânimo no tronco quase de imediato. De forma intuitiva e inconsciente, erguemos os ombros e estufamos o tronco quando queremos mostrar confiança. Há alguns anos na praia, observei um adolescente de mãos dadas com a namorada no calçadão de Copacabana. Pois bem, o raquítico menino, com ombros caídos, estufou o peito e ergueu os ombros ao passar perto de um grupo de rapazes.

Para alguns autores, o tronco indica o ego, o eu. Sua inflação ou encolhimento mostraria o estado de espírito do indivíduo.

- Ombros paralelos ao chão: indica controle das energias e da vontade; equilíbrio e habilidade de reagir de forma controlada aos desafios; confiança sem exageros e bom tônus vital.

- Ombros caídos: denotam desânimo, derrota, desalento,tristeza, cansaço físico ou mental, falta de tônus, desinteresse e apatia diante da realidade ou do que observa. Em termos emocionais, a pessoa tende a ser obediente, serviçal e resignada, adotando a postura de vítima. Solidão, incapacidade de assumir compromissos, medo e retraimento são outras emoções comuns a quem tem ombros caídos.

- Ombros erguidos e peito estufado: indica vontade, necessidade de mostrar poder/dominar, ego inflado, ousadia, prontidão, autoconfiança exagerada, orgulho e otimismo. O indivíduo mostra-se desafiador, lutador. Gosta de ter a última palavra e muitas vezes se porta como o dono da verdade. "Coração de gelo", deseja ser maior que os demais e normalmente não cede nem aceita papéis que considera secundários. Não gosta de demonstrar sua insegurança, por isso quer parecer insensível. Em alguns casos, esse gestual denota agressividade.

ANDAR DO BONECO ASSASSINO

Poucos conseguem caminhar como Gary Cooper ou Sharon Stone, mas os seres humanos são verdadeiros pavões. Tanto homens como mulheres, quando caminham, mostram diversas facetas de seu comportamento. Experiências em laboratório evidenciam com facilidade a postura do quadril feminino quando as mulheres caminham em diferentes condições. Estudos comprovaram a importância do corpo e dos movimentos nas relações interpessoais e sociais.

Muitos líderes mundiais, personalidades e artistas fazem o gesto do boneco assassino ao caminhar. O tronco se estufa, os ombros se erguem e os braços tendem a se abrir mais que o normal. A pessoa quer ocupar mais espaço. Ao andar os ombros e os braços também se mexem para a frente e para trás. Comparo esse movimento de "mostrar poder" (nos ombros) ao movimento de "mostrar sensualidade" quando as mulheres mexem os quadris.

Alguns homens, depois de estufar o peito, levantam as duas mãos e abotoam a paletó o ajeitam a gravata de maneira imaginária. Alguns até passam as mãos no tronco, como se mostrassem "eu sou bonito e todo-poderoso". Estão enfastiados de si mesmos.

LEÃO DE CHÁCARA

Postura vista quando o segurança de clubes noturnos, bancos etc. cruza os braços e planta os pés no chão com as pernas entreabertas. "Daqui você não passa, daqui ninguém me tira" e "Sou o dono do pedaço" são algumas das impressões transmitidas. O aviso é direto: "Não quero ver minha autoridade desafiada; antes de começar, pense nas consequências". Todavia, essas mensagens muitas vezes são extremamente sutis e visam evitar que o outro inicie uma agressão.

Diversos dos gestos aqui citados são exageros de autoconfiança que podem indicar insegurança. Roer unhas, torcer os dedos, esconder as mãos e exagerar no autocontato podem denotar que a pessoa está insegura.

GESTOS DE PODER

Ao assumir pela primeira vez a presidência da República, Dilma Rousseff, de forma inconsciente, exibiu vários gestos de poder. Ao subir a rampa do Planalto, seus braços se abriram intensamente, indicando a necessidade de se mostrar maior do que realmente era. No dia da posse, ao chegar à Câmara dos Deputados, quase de imediato e antes de se sentar, colocou as palmas das mãos sobre mesa – sinal inequívoco de que estava tomando posse do território. O mesmo ocorre com líderes em todo o mundo.

Muitos gestos são executados de forma inconsciente, mas por meio de treinamento é perfeitamente possível incorporá-los ao dia a dia. Dessa forma, a liderança é potencializada, pois tais gestos enviam mensagens diretas que informam que os executores são líderes.

Ao realizar os gestos de poder, o líder será facilmente percebido pelos outros como mais poderoso e dominante.

GESTOS DE PODER DOS LÍDERES DOMINANTES

Mãos na cintura (*akimbo*)

As duas mãos são colocadas ao lado do corpo. O nome dado por uma de minhas alunas é perfeito: "maria-açucareira". Trata-se de um gesto típico de expansão, na mesma linha do boneco assassino. Segundo Morris (1977), o principal significado é "afaste-se de mim". Tem caráter universal e antissocial. Ao nos dirigirmos dessa forma ao outro, mostramos que estamos em desacordo com suas atitudes. Se o peito estiver estufado significa: "Sou mais poderoso que você". Em países como Malásia e Filipinas, o significado é de raiva intensa. No Brasil, sobretudo entre as mulheres, indica aborrecimento e desconforto.

Em uma variação desse gesto, a posição das mãos é quase a mesma, mas os dedos indicadores apontam para a genitália. No homem, significa: "Sou macho, poderoso e sexualmente ativo". Pesquisas apontam que, ao adotar essa postura por mais de dois minutos, tanto o homem quanto a mulher ampliam o nível de testosterona em torno de 20% e diminuem o de cortisol em 25% na corrente sanguínea. Com isso a confiança aumenta. Amy

Cuddy, pesquisadora da Universidade de Harvard aconselha ambos os sexos a ficar nessa posição dois minutos por dia para ampliar o nível de autoconfiança.

Evidentemente, o líder precisa tomar muito cuidado com esse gesto, que pode se tornar caricato; todavia, se bem utilizado, a mensagem é clara: "Sou expansivo, mas quem domina sou eu".

Gestos amplos (ou tamanho é documento)

Assim como o pavão abre a cauda em leque para mostrar sua importância, muitos animais estufam o peito no intuito de parecerem maiores. Os seres humanos fazem o mesmo: abrem os braços, erguem o pescoço etc. Jimmy Carter chegou a usar sapatos com saltos maiores com objetivo de parecer mais alto; na verdade, ele foi um dos presidentes mais baixinhos dos Estados Unidos.

Os adornos ajudam sobremaneira a aumentar a estatura do ser humano. É o caso da mitra, chapéu que faz os papas "crescerem" 30 centímetros. São várias as maneiras de parecer mais alto: os reis usam coroas; militares, quepes; até mesmo os topetes de alguns artistas acrescentam alguns centímetros. Tudo isso sem contar os truques de imagem, nos quais os líderes são sempre filmados e fotografados de baixo para cima, dando a impressão de que são bem mais altos.

A barba também faz a cabeça parecer maior e assim pode fazer que o líder pareça mais alto.

Em termos evolutivos, a altura maior é importante porque nos dá vantagem para atacar, fazendo-nos maiores que o adversário. Estudos (*apud* Mioto, 2014; *apud* Pati, 2014) afirmam que homens e mulheres de maior estatura tendem a ganhar salários maiores, além de evidenciarem correlações entre altura e liderança, inclusive no que se refere a salários. A tendência das mulheres é preferir homens mais altos que elas.

Portanto, se você puder acrescentar alguns centímetros à sua altura, faça-o sem medo de errar. Certamente você parecerá um líder mais dominante.

O toque

Certa vez, ao visitar um quartel para almoçar com um amigo, observei determinado capitão e disse que ele era o líder entre seus pares. Meu amigo perguntou como eu sabia daquilo já que não o conhecia, mas admitiu que ele era um verdadeiro líder. Observei que o rapaz tocou várias vezes e de modo quase espontâneo dois de seus parceiros e depois conduziu a ambos e fez que entrassem no refeitório primeiro.

O líder dominante mostra sua ascendência, especialmente quando o faz com a palma da mão voltada para baixo. Tocar assim o ombro, as mãos e a cabeça também é sinal de proteção.

O toque é um modo de comunicar poder. Pessoas de maior *status* tendem a invadir o espaço pessoal dos demais com maior frequência e intensidade. Isso também acontece nas empresas. O presidente tem livre acesso a todos os departamentos, ao passo que os subordinados necessitam de permissão para invadir o espaço da chefia.

O líder dominante em geral não gosta de ser tocado; quando era tocado em aparições públicas, o ditador líbio Muamar Kadafi literalmente agredia o infortunado.

Diferenças de sexo também influenciam o significado do toque. As mulheres tendem a usá-lo para transmitir cuidado, preocupação e nutrição. Os homens, por outro lado, são mais propensos a usar o toque para se afirmar ou para controlar os outros.

O líder toma a iniciativa de tocar e até mesmo do aperto de mão. Se o outro tocá-lo, retribua o toque de maneira imediata. Tome cuidado ao tocar as pessoas: as mensagens dos mais diversos tipos de toque são poderosas. Utilize-as a seu favor.

O líder sempre está à frente dos subordinados. Lembremo-nos da cúpula para a paz no Oriente Médio realizada em julho de 2000, em Camp David, Estados Unidos. Prestes a adentrar um salão, o presidente dos Estados Unidos, Bill Clinton, o primeiro-ministro de Israel, Ehud Barak, e o presidente da Autoridade Palestina,

Yasser Arafat, travaram uma verdadeira batalha para ver quem empurrava o outro para dentro. Como estavam sendo filmados, a mensagem para o mundo seria direta: "Eu lidero os dois".

A fala

A voz tem capital importância na liderança. John Gilbert, ator e colega de Greta Garbo, um dos principais galãs do cinema mudo, foi totalmente ridicularizado e depois ignorado quando fez o primeiro filme sonoro. Decididamente sua voz não combinava com seu porte e sua postura.

Hoje, com modernas técnicas de fonoaudiologia, o líder alcança patamares elevados neste quesito. A voz reforça a linguagem corporal e assim potencializa a liderança.

Controle o tom de voz: em determinados momentos fale mais alto e em tom mais enérgico – as pessoas intuirão no tom de voz grave sinal de autoridade; e, em outros momentos, experimente falar mais baixo: as pessoas tendem a se esforçar mais para ouvir o que o líder diz.

Pesquisas mostram que quem fala primeiro nas reuniões em geral tem suas ideias aceitas, qualquer que seja o nível da discussão e ainda que apareçam novos pontos de vista. Portanto, se puder, fale sempre primeiro, exponha suas ideias de modo direto e claro em pouco tempo. Pontue seu raciocínio e mostre as principais vantagens dele: certamente você vai sair na frente.

Outra característica dos líderes é interromper os demais com maior frequência. Seria mais ou menos como marcar território. Pense no líder na cabeceira da mesa durante a reunião de negócios – se um subordinado fala mais do que ele e de forma livre, algo está errado. O líder precisa intervir nos momentos certos para deixar claro quem orienta, manda e decide. Não se trata de discordar de tudo ou interromper de forma gratuita, mas sim de enviar o sinal de que está no controle da situação.

Quando alguém interromper seu discurso, seja mais rápido. Erga um pouco a voz e diga: "Deixe-me terminar" ou "Deixe-me terminar, isto é mais importante". O líder dirige e controla a conversa.

Não se esqueça de que muitos dos líderes mundiais, sobretudo americanos e europeus, fazem dois tipos de treinamento: o de linguagem corporal e o de oratória.

Sorria, mas nem tanto

O sorriso é a principal arma do líder. Como vimos, a mensagem é cristalina: "Estou bem comigo mesmo e olhar você me faz bem". Porém, o líder necessita de momentos de seriedade; os sorrisos necessitam ser controlados e enviados no momento e na ocasião certos.

Amplie a esfera de atuação

A linguagem corporal do líder é sua marca pessoal. Assim como reis e rainhas não abrem portas, o verdadeiro líder caminha sempre na frente. Não desvia das pessoas, estas é que desviam dele. Evidentemente isso não quer dizer que caso você veja um idoso vá atropelá-lo; ao contrário, tomará uma postura de civilidade.

Como primatas, em termos evolutivos, o líder precisa emitir alguns sinais de raiva. A face tensa e contraída mostra sua capacidade. Todavia, não exagere.

Observe as fotos dos grandes generais da Segunda Guerra Mundial. O líder anda no centro e um passo à frente dos demais. Além disso, ao caminhar, dita o ritmo e a velocidade dos passos.

Enfim, o líder domina o território, chega primeiro que os outros. Algumas fotos do ex-presidente americano Barack Obama com os pés sobre a mesa são o melhor exemplo disso. Trata-se de um gesto de dominância.

Voltar a palma das mãos para baixo

Este pode ser utilizado como um gesto de fechamento (chamo assim aqueles gestos que dão o tom final da conversa ou negociação; por si sós são decisivos e indicam autoridade).

Depois de mostrar as palmas das mãos (sinceridade) com os polegares voltados para cima (energia, vontade), o líder volta a palma das mãos para baixo. Os dedos normalmente ficam abertos, como se ele estivesse empurrando a superfície em que as mãos se apoiam. Quando elas se afastam um pouco o sinal é claro: acabou!

GESTOS DE SUBMISSÃO

Agora que você conhece os gestos de poder, vejamos aqueles que o líder deve evitar a qualquer custo. Não faça gestos de submissão: eles são considerados sinal de fraqueza e debilitam a capacidade de liderança.

Por incrível que pareça, a maioria das pessoas prefere a posição de submissão em todos os grupos nos quais convive. É muito mais seguro ser submisso que sair enfrentando o mundo.

CABEÇA BAIXA

É o clássico sinal de derrota e vai além disso: assinala até mesmo uma possível depressão. O gesto é mais grave quando a pessoa "enterra" a cabeça entre os ombros: "Sou menor que você", "Encolho-me diante de sua posição", "Não sei de nada" e "Por favor, me ajude" são algumas das possíveis interpretações. Como já dito anteriormente, o líder não olha para o chão, olha sempre em frente, e às vezes até mesmo por cima – de maneira tanto simbólica como postural.

MOVIMENTOS

Enquanto o verdadeiro líder amplia sua esfera de atuação, o submisso faz exatamente ao contrário: se encolhe. Os movimentos diminuem consideravelmente. Os braços não se movimentam, muitas vezes as mãos se agarram nos braços como se estes pedissem ajuda para se segurar. O queixo colocado no plexo solar é sinal de aborrecimento, defesa, encolhimento.

No indivíduo inseguro e submisso as mãos ficam tensas; ele estrala os dedos de forma constante, coloca as mãos no bolso, olha de lado como se desejasse fugir da situação em que se encontra.

Embora os movimentos dos líderes sejam enérgicos, precisos e muitas vezes calculados, por vezes eles adotam uma postura estática, mas mantêm o corpo pronto para entrar em ação. Talvez o nome do chefe indígena Touro Sentado diga algo a mais sobre isso. O líder controla tudo com o olhar, mesmo sem mexer a cabeça.

A VOZ

A voz do submisso suplica, muitas vezes em um só tom, enquanto a do líder é vibrante e tem diversas nuanças. O primeiro tende a falar mais baixo e a manter também a cabeça assim. Sua voz tende a ser mais suave. Conheci uma fonoaudióloga que analisava as conversas entre presidiários para a polícia do Rio de Janeiro. Impressionou-me sua capacidade de distinguir a voz dos líderes da dos "soldados" do tráfico. A voz dos líderes é mais empostada e grave. Em resumo, "falam mais grosso".

Se, de um lado, a expressão do líder é carregada de "raiva moderada" em determinados momentos, a do submisso é de medo com alguma dose de tristeza, por não gostar da situação em que se encontra.

Outro detalhe importante, quando os subordinados falam, o líder não concorda com a cabeça; ao contrário, a mantém na posição vertical e quase sem movimento.

BRAÇOS E PERNAS

Os submissos estão quase sempre em posição defensiva. Enquanto a postura do líder é de ataque, a do submisso é de resguardo. Os pés do líder plantados no chão indicam que ele "tomou posse do território"; mais do que isso, está pronto para reagir de imediato. Os braços ficam abertos e as mãos, prontas para entrar em ação. Já os pés e as pernas do submisso se cruzam ou até mesmo ficam dobrados e/ou enganchados na cadeira: sinal que não quer sair dali.

Os braços se cruzam de várias maneiras, até mesmo aquela em que a mão desaparece – os punhos estão cerrados e debaixo das axilas. Não existe prontidão para reagir aos estímulos, mas sim para preservar a si mesmo. O líder fica de peito aberto para os demais; o submisso coloca objetos em frente ao peito. É mais ou menos como se fosse uma armadura a protegê-lo.

É interessante notar que os submissos adotam essas posturas por longos períodos. Liderança é movimento, submissão é encolhimento.

No filme *Bravura indômita* (EUA, 2011), dirigido pelos irmãos Coen, Jeff Bridges interpreta "Rooster" Cogburn. Logo no início da película, durante um depoimento à corte, Cogburn está sentado numa cadeira respondendo às perguntas de seu advogado. Suas pernas estão abertas e às vezes seu dedo indicador aponta para a região genital. A mensagem é clara e vista diariamente nos mais diversos lugares: "Eu sou macho, eu lidero". O submisso, ao contrário, fica sempre de joelhos unidos.

OLHAR

O olhar do líder é de águia; o do submisso mira o chão. Este último tem dificuldade de encarar as pessoas, sobretudo seus chefes, e em geral baixa a cabeça quando passa por eles. Se, de um lado, o olhar não se fixa nas pessoas, de outro os olhos parecem estar sempre abertos, numa atitude de espreita e defesa.

OBJETOS DE PODER

Em quase todas as partes do mundo possuir algo que os outros não têm é considerado um símbolo de poder. A lista é interminável: carros, canetas, móveis, relógios, diplomas etc. Até hoje, ter um cônjuge bonito é sinal de *status*.

As cadeiras também são vistas como símbolos de poder, tendo a mesma função que o trono real. Não deixe por menos: capriche na escolha de sua cadeira e, se possível, posicione-a num plano mais alto. Os subordinados vão reconhecer sua importância.

A roupa é outro importante meio de mostrar importância e poder. Lembre-se: enquanto um dos maiores líderes brasileiros de todos os tempos usava camisa de segunda e barba malfeita, ninguém acreditava nele.

Use e abuse dos objetos de poder, mas evite a ostentação. Ao sacar sua caneta de grife, faça da maneira o mais natural possível; apenas seus subordinados precisam vê-la.

OS GALÃS DE HOLLYWOOD E A BARBA

Os biólogos dizem que as barbas são características sexuais secundárias, pois não têm papel direto na reprodução da espécie humana. Cientistas concluíram que não existem evidências de que as mulheres procuram parceiros com barba em detrimento dos sem barba.

Uma das primeiras funções da barba é transmitir o sinal de gênero. Mesmo a distância, concluímos o sexo de seu portador. Funcionava muito bem para nossos ancestrais.

Na puberdade, a barba começa a crescer devido ao aumento na produção de testosterona, sendo um fator de diferenciação entre os gêneros. Algumas pesquisas apontam a preocupação e o orgulho dos meninos quando aparecem os primeiros pelos no corpo e algo de asco entre as meninas quando o mesmo ocorre.

Psicólogos evolucionistas mostram que a barba é sinal de maturidade sexual. Na Antiguidade, os gregos consideravam a barba sinal de virilidade, enquanto a face lisa indicava delicadeza.

Fisiologicamente, a barba tem duas funções, proteger e aquecer o rosto. Alguns autores dizem que ela também retém o cheiro dos feromônios, ampliando a capacidade de atração sexual masculina. Todavia, isso nem sempre é válido, pois os perfumes, sabonetes e cremes encobrem esse odor com facilidade.

O hábito de fazer a barba vem de longa data e muitas vezes passa por modismos. Desmond Morris (1977) diz que, além de conferir *status* ao seu portador (homens que se barbeiam tem mais tempo para se cuidar) existem outras razões mais importantes para mantê-la. Visualmente, a barba transmite com mais sutileza as expressões faciais. Já no campo tátil, aumenta o contato entre peles e com isso potencializa o ato sexual.

Independentemente de usar ou não barba, é certo que os pelos bem aparados transmitem uma sensação de limpeza, enquanto a barba malfeita denota falta de asseio. A importância de uma face asseada é capital no relacionamento, pois as mulheres passam a maior parte do tempo analisando a face masculina nos primeiros momentos de contato. Algumas delas têm verdadeiro horror ao contato com a barba. Muitas, ao contrário, se dizem altamente seduzidas e excitadas. As primeiras afirmam gostar de rostos lisos, infantis, quase de bebê; alguém poderia se arriscar a dizer que o instinto maternal está presente em grandes doses nesse caso. Em relação às outras, diriam que gostam de homens másculos, fortes. Para o horror das feministas, o viés da submissão estaria presente. Em parte, são conjecturas.

Cada cultura adota posicionamentos diferentes a respeito do uso da barba. Em muitas delas, a barba é sinal de sabedoria e até mesmo de potência sexual. Na mitologia ou nas religiões, figuras importantes tinham barba: Jesus Cristo, Posídon, Zeus etc. O mesmo vale para grandes personalidades históricas, como Abraham Lincoln.

Em uma crônica publicada em *Time dos sonhos* (2010), o escritor Luis Fernando Verissimo comenta que alguns jogadores argentinos deixam de fazer a barba antes dos jogos para encarar os adversários com cara de maus.

Hoje, muitos artistas utilizam a barba. A mensagem que transmitem é: "Sou macho, tenho bastante testosterona". Deixar a barba por fazer também é uma atitude e até mesmo um estilo que as mulheres admiram, pois mostra que o homem controla sua vida e tem certa despreocupação. É interessante observar que muitos atores não usam barba para compor personagens, talvez porque percam parte da expressividade.

É bem verdade que alguns atores ficam mais charmosos com o uso da barba. É o caso de Sean Connery: nesse caso, além de denotar sabedoria (fios brancos), a barba também tem a função de rejuvenescer, pois encobre as rugas com facilidade.

Para terminar, uma curiosidade: em algumas profissões, a barba é proibida. É o caso de pilotos de caça, boxeadores, operadores de máquina etc.

8. As mãos

AS MÃOS DESEMPENHAM PAPEL fundamental em qualquer tipo de comunicação. Seu movimento está intrinsecamente ligado às emoções. Quando em concordância com estas, são um potente amplificador das palavras – muitas vezes, mais do que o rosto.

O líder necessita conhecer as mais diversas mensagens transmitidas pelas mãos e a melhor maneira de utilizá-las.

A primeira e principal observação a ser feita: cuide muito bem das mãos. O apresentador Silvio Santos se notabilizou, entre outras coisas, pelo uso das mãos. Foi um dos primeiros homens públicos a ir à manicure e aplicar base nas unhas. Claro que hoje isso está fora de moda; contudo, mãos e unhas limpas e bem cuidadas são evidentes sinais de saúde.

Alguns dermatologistas dizem que é nas mãos que se enxerga a verdadeira idade de alguém. Atualmente, diversos tratamentos estéticos visam melhorar a aparência das mãos. Porém, de nada adianta cuidar delas se seus movimentos não forem aprimorados.

Os oradores exímios sempre reconhecem a eficácia dos movimentos das mãos. Quanto maior a plateia, mais necessários eles se tornam. O conteúdo nem sempre importa: as mãos dizem mais. Exemplo disso é o ex-presidente Lula. Muitas de suas falas são desprovidas de qualquer tipo de lógica; todavia o uso das mãos e o carisma convencem os mais incautos.

Existem diferenças básicas entre as mãos masculinas e femininas. As das mulheres são menores e mais flexíveis. Certamente estão mais adaptadas aos objetos; têm, por assim dizer, um nível de especialização praticamente impossível de ser atingido pelos homens.

O homem primitivo enfrentava inimigos, caçava e produzia artefatos. As mulheres cuidavam dos filhos, cozinhavam e executavam trabalhos domésticos. Dessa forma, as mãos dos homens voltaram-se para a força e as femininas, para a destreza. Porém, isso não significa que os homens estejam em vantagem. Ao contrário, o sucesso evolutivo das mãos se mede muito mais pela precisão do que pela força.

SIMBOLISMO DAS MÃOS

No livro *Linguagem corporal* (2010), inicio a descrição do significado simbólico das mãos com o poema "Monólogo das mãos", de Procópio Ferreira.

> Para que servem as mãos?
>
> As mãos servem para pedir, prometer, chamar, conceder, ameaçar, suplicar, exigir, acariciar, recusar, interrogar, admirar, confessar, calcular, comandar, injuriar, incitar, teimar, encorajar, acusar, condenar, absolver, perdoar, desprezar, desafiar, aplaudir, reger, benzer, humilhar, reconciliar, exaltar, construir, trabalhar, escrever...

Considero as mãos a ferramenta de trabalho mais utilizada pelos líderes em todo o mundo. Sou capaz de afirmar que o verdadeiro líder necessariamente deve utilizar as mãos de maneira correta; caso contrário sua posição pode ficar comprometida.

SINAIS DE BATUTA

São gestos que têm similaridade com os do maestro regendo a orquestra, e mostram-se mais eficazes quando coordenados com a fala. Por exemplo, ao dizer "é preciso doar" ou "vou entregar isso a vocês", o líder deve estender uma ou as duas mãos com a palma voltada para cima. Apenas fale e depois repita a ação com o gesto. Você vai perceber que a expressão é bem mais intensa e a mensagem se torna mais poderosa. Repita a mesma fala com o punho cerrado e à frente do corpo. O resultado é no mínimo trágico.

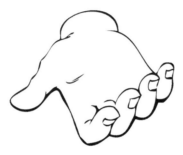

Os gestos de batuta enfatizam aquilo que desejamos transmitir de modo verbal e muitas vezes esclarecem o conteúdo da fala. Em plateias grandes e distantes do público, são imprescindíveis para o líder.

APERTO DE MÃO

Era com o aperto de mão e as mãos levantadas com a palma voltada para o interlocutor que nossos ancestrais diziam aos demais que estavam desarmados.

Basicamente existem duas formas de aperto de mãos: as duas mãos se apertam na vertical; a mão fica com as costas para cima.

No primeiro caso, as duas pessoas estão em equilíbrio e querem manter o controle da situação. Um não se submete ao outro. No segundo, a mensagem é por demais clara: a mão que fica por cima domina as relações.

Por vezes, o aperto de mão acontece de maneira inconsciente. Já observei muitas pessoas que, ao realizar o cumprimento naturalmente, viram a própria palma da mão para cima, sinal claro de que aceitam a liderança do outro sem muita contestação.

O Presidente Trump em raro momento de submissão; a palma da mão está voltada para cima. Porém, o olhar é intimidador e o braço puxa o outro para si: "Quero dominar".

O APERTO DE MÃO DO LÍDER

O líder normalmente tende a virar a mão do outro para baixo de modo discreto. Em termos de etiqueta, é a autoridade ou o anfitrião que estende a mão em primeiro lugar, mas isso nem sempre é percebido pela maioria da população.

A principal característica do aperto de mão do líder é dominar a situação, ou seja, manter sua mão por cima da do interlocutor. Estique a mão e abra ligeiramente os dedos, com o polegar estendido (afastado do indicador), e coloque a palma para baixo num ângulo de 45%. A mensagem é direta: "Quem lidera aqui sou eu".

Obama cumprimenta Bush e sua mão faz um ângulo de 30 graus, indicando dominância. As costas da mão voltadas para a foto também são sinal de ascendência sob o outro. Os líderes que sabem disso tomam essa posição antes de tirar a foto.

Utilize a força necessária e mantenha o aperto de mão por três ou quatro segundos. Não chacoalhe as mãos e tenha especial delicadeza com as mãos femininas. Homens que realizam apertos demorados no primeiro contato, especialmente com mulheres, exageram na dose e tentam criar intimidade de modo artificial. Invadem, por assim dizer, o espaço territorial do outro.

O aperto de mão firme e controlado, na medida exata, mostra autocontrole. O ideal é olhar diretamente no olho do interlocutor enquanto o cumprimenta. Evite de todas as maneiras o aperto tipo "alicate", aquele que literalmente quebra os ossos do outro. A imagem que fica é de pessoa agressiva, brusca e de pouco refinamento.

O aperto de mão fraco, chamado de "peixe morto", é praticamente inaceitável no meio empresarial. Algumas culturas interpretam esse aperto de mão fraco, especialmente entre homens, como fraqueza moral e de atitudes, além de desconfiança.

Como vimos, o líder tende a tocar os liderados para mostrar sua posição. Embora seja preciso tomar cuidado para não exagerar, pois existem culturas avessas a toques, o aperto de mão que puxa ou toca no braço do outro é um sinal claro de dominação. A tentativa de dominar é maior ainda quando a outra mão toca no ombro.

A distância é outro ponto fundamental nos apertos de mão: os braços ficam ligeiramente dobrados. Não use o aperto de mão da rainha: o braço fica esticado e não dobra, o aperto de mão é fraco. A mensagem passada é a pior possível: "Quero distância de você", "Sou superior", "Não quero contato", "Sou seletivo(a) demais".

Quando esticamos totalmente o braço e o aperto de mão é firme, existe a necessidade de ir ao encontro do outro, de se mostrar acessível o máximo possível, muitas vezes de acordo com o interesse de quem estende a mão primeiro.

Por outro lado, não é recomendável puxar a pessoa exageradamente em sua direção. O cotovelo fica quase a 90%, mostrando reticência no contato e autodefesa.

APERTO DE MÃO PODE MEDIR RISCO CARDÍACO

Estudos publicados pela revista científica *The Lancet* (Leong *et al.*, 2015) mostram forte correlação entre o aperto de mão fraco e o risco de morte por ataque cardíaco ou acidente vascular cerebral. Por quatro anos, os pesquisadores avaliaram a correlação entre a força da mão e a saúde de cerca de 140 mil pessoas de 35 a 70 anos. O dispositivo usado para medir a força das mãos foi o dinamômetro.

Os pesquisadores concluíram que existe forte correlação entre o aperto de mão fraco e o risco de morte por diversas causas. O decréscimo de cinco quilos na força do aperto de mão está associado a 16% mais chances de morrer de forma prematura. Aumenta em 7% o risco de um ataque do coração e 9% o de acidente vascular cerebral (AVC).

COMO UTILIZAR AS MÃOS

MOSTRE AS MÃOS

Sempre que puder, mostra as mãos e utilize-as de maneira intensa. Não se esqueça de que elas são um importante instrumento de liderança, a "batuta" que rege os demais. Repito: mãos e unhas bem cuidadas demonstram saúde e vitalidade.

BOLA DE BASQUETE

O líder parece segurar uma bola de basquete na altura do peito. Trata-se de um gesto extremamente positivo, pois para manter os polegares para cima faz-se necessário despender energia, ter vitalidade. A imagem é de autoconfiança, vontade e força.

Outra possibilidade é utilizar apenas uma das mãos com o dedão voltado para cima, trazendo-o para o peito e então a voltando em direção às pessoas. Isso mostra controle das ações e determinação.

Silvio Santos e seu inconfundível gesto de bom líder: bola de basquete imaginária, palma das mãos à mostra e polegares para cima. Sorriso, olhar franco e abertura dos braços complementam a ideia de liderança.

DEDOS UNIDOS (CAMPANÁRIO)

Gesto indicativo de poder, autoconfiança e vontade, sobretudo se estiver na altura do peito. Também sugere capacidade de "unir as pontas", controlar. Evite baixar às mãos até o ventre, pois isso sugere que você tem menos confiança do que deseja aparentar, especialmente se for mulher.

MÃOS EMPURRANDO

Trata-se de um gesto de confiança. As duas palmas das mãos são mostradas como se estivem empurrando algo. Quem o utiliza tem bom domínio do assunto que apresenta e sabe controlar a situação. Está "empurrando" suas ideias para os demais. O fato de as palmas estarem voltadas para os demais é um sinal clássico de sinceridade.

Outro sinal que o líder usa com intensidade é o dos braços abertos com as palmas voltadas para fora. Com isso ele quer dizer: "Estou de peito aberto para você". Lembram-se de Steve Jobs? Durante a apresentação do primeiro iPhone, usando blusa preta, com as mangas ligeiramente arregaçadas, calça jeans e tênis, praticamente "criou" um modelo de apresentação, especialmente ao utilizar as mãos com as palmas voltadas para o público.

O icônico Steve Jobs.

ESFREGAR AS MÃOS

Esfregar as palmas das mãos transmite euforia, expectativa naquilo que você realiza. Porém, nunca faça o gesto de esfregar as mãos como se fosse lavá-las. Esse movimento executado em círculos é um péssimo sinal: "Vou enganar você", "Vou protelar minha decisão".

ORAÇÃO

As mãos em postura de oração indicam reflexão. Quando colocadas na boca, mostram que a pessoa está refletindo para dizer algo.

DEDO EM RISTE

Este é outro gesto que o líder nunca deve fazer. Em muitas culturas, inclusive no Brasil, apontar o dedo para os outros é considerado ofensa. A postura normalmente é acusatória e agressiva, repleta de raiva. O peito se infla e a face é de nojo ou de raiva. O ex-presidente Lula sempre faz uso desse gesto em discursos e entrevistas para acusar os adversários.

O dedo em riste é a melhor forma de ganhar inimigos.

Em junho de 2015, o então presidente da Câmara dos Deputados, Eduardo Cunha, mandou um recado para a ministra do Supremo Tribunal Federal Rosa Weber. A postura corporal era de irritação, destacando-se o gesto com os dois indicadores em riste. Cunha mostrava, assim que o discurso e as argumentações razoáveis haviam se perdido; a ideia era literalmente ganhar no grito.

Cunha mostra que perdeu a cabeça.

PRATIQUE MUITO

Para atingir o ponto ideal, você deve praticar de maneira intensa o uso das mãos. Faça isso em frente ao espelho, tentando coordenar palavras e os gestos. Repita tantas vezes quando for necessário até perceber que incorporou os gestos e os utiliza de maneira natural.

TRUMP, O MAGNÍFICO

Não é preciso ser especialista em linguagem corporal para perceber que o título deste quadro é irônico. Afinal, o mundo todo comenta os exageros transmitidos pela linguagem corporal de presidente dos Estados Unidos.

Depois de apertar a mão de alguém, Trump puxa a pessoa para si e, de maneira bastante enérgica, o encara. Além de invadir o espaço social do outro, ele traz a pessoa para seu campo de ação: "Quem domina a relação sou eu". Trata-se de um gesto agressivo e intimidatório – aliás, como toda sua linguagem corporal. A palma da mão normalmente fica para baixo, outro gesto usado para dominar o interlocutor.

Para Karen Bradley, especialista em análise de movimento (*apud* Provenzano, 2017), o aperto de mão de Trump assinala "total falta de cultura e de habilidades sociais". Quando o presidente coloca a palma da mão para cima, logo em seguida põe a mão esquerda sobre a mão de quem cumprimenta, prensando-a. Segundo o psicólogo Bart Rossi, o gesto revela uma tendência narcisista (*ibidem*).

Ainda segundo o especialista, indica egocentrismo – Trump quer melhorar sua imagem com o aperto e ser visto como benevolente – e desejo de autopromoção. Convém notar que outros líderes mundiais costumam fazer isto, em maior ou menor escala, mas nunca com a intensidade de Trump.

Trump usa as mãos de forma exagerada. Outra de suas marcas registradas é o gesto de pinça: polegar e indicador se unem e giram no ar ou são "jogados" em cima do outro: "Quero ser preciso, nos mínimos detalhes", "Quero controlar a situação". Em certos momentos os dois dedos, com pequenos tremores, parecem riscar um quadro imaginário. Dessa forma, o presidente visa mostrar com mais intensidade tudo aquilo que diz.

Para Peter Collett (*apud* Worley, 2017), outro psicólogo americano, Trump exibe determinados traços de linguagem corporal no rosto que o marcam. Entre eles, a cara de "macho-alfa", caracterizada pela ausência de sorrisos e o queixo saliente.

Como vimos no capítulo sobre microexpressões, sorrir indica que você não tem intenções agressivas. Porém, segundo Collet, Trump deseja mostrar que constitui uma ameaça.

O queixo saliente, como vimos, está associado ao alto nível de testosterona em homens e mulheres. Para amplificar essa característica, muito vezes Trump encara os demais e fala com o queixo erguido – sinal de orgulho desmedido e desprezo pelos interlocutores.

Além disso, Trump costuma sorrir com desprezo enquanto o outro está falando. Um dos cantos dos lábios sobe enquanto o outro fica no mesmo patamar. Por vezes, alia esse gesto a duas rugas em forma de U invertido ao lado das narinas. Como estudamos anteriormente, trata-se da mais clássica indicação de desprezo.

A abertura dos braços é sempre exagerada e muitas vezes paralela. As mãos ficam espalmadas, o que faz que o corpo se amplie e o peito seja exibido: "Sou grande, sou maior que você". Esse gesto indica autoridade e grande autoconfiança.

O estudo completo da linguagem corporal de Trump seria extenso, mas a gênese de seus gestos também é encontrada em muitos líderes autoritários. Não existe espaço para os que estão ao seu redor, inclusive esposa e filhos – basta ver o pouco afeto com que os trata em público.

9. O espaço do líder

QUEM NÃO CONHECE A expressão "o rei do pedaço"? Ela indica que a pessoa domina determinado lugar, o qual lhe pertence. Portanto, é preciso cuidado antes de entrar ali. De acordo com Weil e Tompakow (2015, p. 222), "a territorialidade regula a densidade das espécies de seres vivos – ou seja, a distância ideal entre os seus componentes individuais, para as diversas manifestações da vida em comum. [...]".

Estados, nações e municípios demarcam territórios; os seres humanos, tais quais os animais, fazem o mesmo. Pense em como você se sente desconfortável dentro do elevador cheio ou quando alguém se senta em sua cadeira sem permissão. A luta por território não se faz somente entre países. Observe o fenômeno nas filas, nos aviões, na sala de cinema... Qualquer tipo de invasão ao nosso espaço pessoal, mesmo aquelas que ocorrem de modo não intencional, é considerada uma afronta.

Na década de 1960, o antropólogo Edward Hall criou o termo "proxêmica" para designar o estudo do espaço na comunicação humana. Existem diversas definições para a palavra, mas em geral se trata do conjunto de observações e teorias referentes ao uso que o homem faz do espaço como produto cultural específico. Normalmente, a proxêmica se divide em duas partes:

- O território físico – a carteira na escola, nossa casa, nossa cidade, o país em que vivemos etc.

- O território pessoal – este é representado pelo espaço individual. Trata-se de uma "bolha" psicológica que nos pertence. Tal bolha varia de pessoa para pessoa, sendo influenciada por cultura, religião etc. Em alguns países, é proibido tocar uma mulher casada, mesmo que se trate de um simples aperto de mão.

A distância entre as pessoas muitas vezes revela com bom grau de precisão o tipo de relacionamento que há entre elas. Existem os indivíduos invasivos e os seletivos, portanto tome precauções antes de se aproximar, abraçar ou até mesmo cumprimentar os outros. Para Hall (1977), vários fatores influem na distância entre dois seres humanos: calor corporal, olfato, nível das vozes, contato visual etc.

O líder da atualidade deve prestar atenção ao fator cultural, que é extremamente importante na avaliação da distância entre os indivíduos. Diversos povos, como os americanos, são resistentes ao contato e mantêm distância dos demais. Alguns asiáticos evitam contatos olho no olho. Os latinos se aproximam mais e são mais abertos ao toque. Assim, analise com cuidado a linguagem corporal antes de visitar determinado país ou de receber delegações estrangeiras em sua empresa.

Lembre-se: o líder toca muito mais do que é tocado. Autoridades, a princípio, não devem ser tocadas, a não ser que permitam.

MESAS

As mesas devem ser consideradas territórios específicos onde os contatos são estimulados ou até mesmo evitados. Muitos de nós sabemos a importância da posição na hora de nos comunicarmos com os demais. Mais ainda, reconhecemos de maneira intrínseca nossa posição hierárquica diante de grupo. Quando o grupo todo tem o mesmo *status* social, não existe hierarquia formal, por assim dizer. Aquele que deseja falar mais ou em primeiro lugar procura o lugar mais proeminente na mesa.

MOTIVAÇÃO

Sempre que escolhemos nos sentar perto de alguém somos movidos por algum tipo de motivação. Muitos subordinados, procurando prestígio, sentam-se ao lado de seus líderes. O inverso também acontece, mas por um motivo diferente: quanto mais próximos de alguém estamos, mais fácil é avaliá-lo.

Os extrovertidos anseiam por contato, por isso tendem a ficar mais perto dos demais – alguns até arrastam cadeiras para ficar próximos de chefes e colegas. Já os introvertidos procuram certo afastamento corporal.

Como líder, você deve saber de antemão que lugar vai ocupar na mesa e até mesmo manipular os assentos para que as posições estejam de acordo com seus objetivos. Avalie a situação com antecedência e leve em conta os mais diversos fatores: pessoas envolvidas, local, motivo e horário da reunião, tipo de assento etc. A posição de cada participante na mesa é muito importante para o líder, já que ele deseja ter o controle da situação e visa influenciar a todos de maneira decisiva.

A natureza do relacionamento entre os participantes da reunião é mais importante que o assunto em si. Segundo Sommer (1973), um casal de amantes, conversando sobre meteorologia, pode ter uma conversa mais íntima do que o professor na sala de aula, com mais de 300 alunos, falando sobre sexo.

Quanto mais importante for determinado líder na hierarquia, mais sua mesa tem função de destaque – assim como a cadeira. Não por outra razão as cadeiras de escritório mais imponentes são chamadas "cadeira de presidente". Observe-as e compare seu tamanho e porte com um trono real.

O líder mantém a mesa organizada e estrategicamente posicionada em sua sala. Alguns autores sugerem que ela fique voltada para a porta; outros, mais distante. Há algum tempo, era comum que os oficiais do Exército, sempre que assumiam qualquer função ou cargo, de imediato mudassem a posição da mesa no posto de comando. A informação simbólica era direta: existe um novo no pedaço.

O líder necessita compreender que não só a posição da mesa é importante; o gestual e o conjunto das interações também têm grande relevância. Convém lembrar que as mãos do líder devem sempre ficar à mostra; escondê-las sob mesa é sinal de defesa, preocupação, medo, encolhimento.

A POSIÇÃO DO LÍDER NAS MESAS

As posições nas mesas são estudadas por diversos ângulos: dominância, liderança, isolamento, submissão etc.

A DOMINÂNCIA

Quase sempre o líder se coloca na cabeceira da mesa, posição que indica seu *status* perante o grupo. Em nosso país, quem se senta nesta posição é o dono da situação, portanto deve "pagar a conta".

No livro *Fala gestual*, Ana Cláudia de Oliveira descreve as várias pinturas da Santa Ceia ou Última Ceia, analisando a postura de Jesus e de vários apóstolos nas obras de Leonardo da Vinci, Tintoretto, Dalí, Del Castagno e outros. A postura de Jesus sem sombra de dúvida é a de dominância. No quadro de Da Vinci, ele aparece no centro da mesa, de braços abertos. A mão direita está com a palma voltada para baixo, enquanto a esquerda fica para cima, num gesto de aceitação.

Na posição de dominância, o líder consegue observar a todos e ser o centro das atenções. Disso resulta um princípio básico nas reuniões: o tamanho ideal da mesa é aquele em que a voz alcança a todos os participantes sem o auxílio de microfones. A distância impede qualquer tipo de comunicação mais direta.

POSIÇÕES NAS MESAS

Diagrama 1

No Diagrama 1, Policial, Mulher e Papai Noel falam mais e com mais frequência. Os que ladeiam a mulher (Anjo e Idoso), de forma voluntária ou não, falam muito pouco. A tendência é que fiquem fora da discussão. Na verdade, sentem-se intimidados por estar próximos do líder. Sentem-se "menores" e não desejam se opor ao chefe; ao contrário, querem segui-lo.

Diagrama 2

Normalmente, quando as pessoas se sentam em lado opostos, a mesa funciona como uma barreira (Diagrama 2). Existe, por assim dizer, desconforto entre os participantes. Trata-se de uma posição em que os dois participantes competem entre si. O antagonismo espacial é evidente: cada um domina o território ao seu redor e, em consequência, quem se senta perto deles.

Quando existem dois líderes na mesa, a tendência é que ocupem territórios, digo lugares iguais, mas opostos. Simbolicamente, a mesa é ao mesmo tempo o abismo que os separa e o campo de batalha. Por vezes, há aparente amenidade entre os dois.

Diagrama 3

No Diagrama 3 temos um exemplo de colaboração. A posição do colaborador aproxima muito mais as pessoas. Nela, não visualizamos o líder em si. Como líder, você pode assumir essa posição por algum tempo para orientar, ordenar, ajudar etc. Mas lembre-se de manter a liderança o tempo todo.

Atualmente, algumas empresas de varejo fazem que vendedor e cliente fiquem em pé em frente a um computador para fecharem a compra. Trata-se de boa posição de parceria e colaboração.

Diagrama 4

O Diagrama 4 mostra o líder na posição ideal. O Guarda é competitivo e conduz. O Papai Noel também é competitivo, mas está na defensiva. O Anjo é Neutro, enquanto a Mulher é cooperativa. O Idoso não se envolve. Você pode literalmente manipular as mais diversas posições na mesa para conduzir a reunião com mais eficácia. Quanto mais afastadas do líder, menos importância os participantes têm nas reuniões.

Diagrama 5

No Diagrama 5, é impossível saber quem é o líder. Não existe posição de dominância. Todavia existe uma técnica interessante para você se destacar como líder em uma mesa redonda: afaste um pouco sua cadeira da mesa. De imediato você passa a ser o centro das atenções.

A mesa redonda mais famosa da história humanidade é a do Rei Arthur. O rei desejava esse tipo de mesa porque assim não existiria hierarquia entre os cavalheiros. Esse arranjo permite certa informalidade quando se deseja debater ou trocar ideias. Porém, mesmo com a boa intenção do monarca, em termos territoriais ela apresenta algumas desvantagens. Quem se senta ao lado do rei tem mais prestígio que os demais. Embora diminua os confrontos, nessa configuração as pessoas ficam diametralmente opostas.

Como líder, diante de mesas redondas não deixe que ninguém fique sentado na cadeira à sua frente. Estabeleça uma posição única, impedindo que qualquer participante o confronte.

Em meu livro *Linguagem corporal* (2010), explico que nos jantares de negócios o ideal é a mesa redonda. O líder pode deixar seu principal interlocutor com as costas voltadas para uma parede. Literalmente ele terá sua retaguarda protegida, o que causa menor tensão. O ambiente deve ser calmo e com pouca luz; assim as chances de sucesso serão maiores.

AS MESAS NAS NEGOCIAÇÕES DE PAZ EM PARIS

Na Guerra do Vietnã, um dos mais sangrentos conflitos da história, morreram mais de 57 mil americanos e ao menos 1,1 milhão de vietnamitas. Em 1968, quando as nações em conflito resolveram iniciar as negociações de paz, uma das maiores dificuldades foi o lugar na mesa que cada representante dos países envolvidos e negociadores iam ocupar.

Durante um longo período, essa questão impediu qualquer tipo de avanço. Enquanto isso, milhares de soldados e civis continuavam morrendo. Por incrível que pareça, foram oito meses de intensas negociações somente para definir a posição de cada participante.

Participavam da discussão os Estados Unidos, o Vietnã do Sul, o Vietnã do Norte e A Frente de Libertação Nacional (FLN). Nguyen Cao Ky, o premiê sul-vietnamita, discordava da posição que o colocasse em frente ao representante da FLN – que os Estados Unidos também não reconheciam.

Quando novos negociadores do Vietnã do Norte tomaram parte na negociação, o acordo começou a avançar. Educados e bem preparados, eles se mostraram plenamente convictos de sua missão.

O Vietnã do Norte e a FLN queriam que fosse dado o mesmo status a todas as partes; a mesa ideal para eles seria a redonda. Assim, todos os participantes estariam nas mesmas condições. Já a mesa redonda divida ao meio (duas mesas em formato de meia-lua) daria a "vitória" aos americanos. Chegou-se ao ponto no qual quem determinasse a forma da mesa e posição seria vitorioso.

A questão da mesa (melhor dizendo, das mesas) de negociação foi finalmente resolvida pela colocação de duas mesas retangulares separadas por uma redonda.

Considerando as vidas perdidas durante os oito meses necessários para alcançar a disposição dos assentos, concluímos que proximidade e territorialidade estão longe de ser preocupações triviais em alguns encontros humanos. (McCroskey, Larson e Knapp, 1971).

10. Na mesa de negociação

COMO VIMOS NO CAPÍTULO anterior, a posição nas mesas tem importância capital no comportamento de seus participantes e influi de maneira decisiva na forma como as pessoas se relacionam. Este capítulo explica como interpretar os interlocutores nas mesas, mas serve para qualquer tipo de negociação interpessoal. É importante frisar que o verdadeiro líder sempre está no exercício de suas funções, inclusive no mais trivial do cotidiano. Contudo, não seja radical nem queira impor sua vontade a qualquer custa. Às vezes, entrar em acordo ou ceder de modo educado é o melhor caminho.

GESTOS QUE INDICAM QUE O LÍDER ESTÁ (OU NÃO) SENDO OUVIDO COM ATENÇÃO

INCLINAÇÃO CORPORAL

Quando eu ministrava aulas noturnas na universidade, devido ao cansaço, muitos alunos iam "escorregando" na cadeira ou deixavam a cabeça cair de sono. A maneira mais fácil de "acordá-los" era usar as palavras mágicas: "Isto é importante para a prova". Quase de imediato os jovens se ajustavam na cadeira, a coluna ficava ereta e o corpo se inclinava um pouco para a frente. Chamei essa posição inicial de suricato – bicho que fica de prontidão nas savanas africanas para observar tudo que ocorre ao seu redor.

AUMENTO DO CONTATO VISUAL

Não responda de imediato. Qual é a parte do corpo masculino que aumenta de tamanho até três vezes quando observa uma mulher nua? Caso você tenha respondido "pupila", acertou. Quando nosso nível de interesse se amplia, maior contato visual se faz necessário. O contrário também é válido: quando não temos interesse por algo, evitamos olhar com mais atenção.

Sempre que alguém o observar de maneira mais atenta é sinal de forte interesse. Aproveite esse momento para atrair ainda mais seu interlocutor. Quando ele falar, foque com mais intensidade o rosto dele, especialmente os olhos. Una o contato visual com a inclinação: o efeito é muito poderoso. Algumas mulheres costumam realizar o gesto do pedestal: colocam os cotovelos na mesa e a(s) mão(s) no queixo. Caso elas ajam sem conotação sexual, a tendência é que o interlocutor se sinta o foco da atenção.

TRONCO VOLTADO PARA QUEM FALA

Esse gesto é realizado de modo pausado. No momento que um dos participantes for dizer algo, gire o tronco e a cabeça de forma calculada para que a pessoa perceba que seus interesses se voltam para ela.

Conheci um líder que se ajeitava na cadeira tranquilamente e então a girava na direção de seu interlocutor quando este tomava a palavra. Como agia assim com todos os funcionários, era conhecido como o gerente que escutava os parceiros.

Certa vez, observei a diretora de uma empresa multinacional que elevou esse gesto ao máximo. Girava a cadeira, se inclinava um pouco e fazia o pedestal de forma interessante: o polegar e o dedo médio se posicionavam no queixo, enquanto indicador ficava próximo do ouvido. Mensagem não verbal mais direta impossível: "Meu indicador mostra estou ouvindo você atentamente".

SOBRANCELHAS ERGUIDAS

Erguer as sobrancelhas é forte indicativo de interesse. Porém, isso deve ser acompanhado de gestos positivos de abertura. Caso a pessoa encolha os ombros, é sinal de incredulidade. Quando as sobrancelhas ficam erguidas por muito tempo e de forma exagerada, indicam falsa surpresa. Se esse gesto for acompanhado de cabeça baixa e olhos fechados, denota desinteresse e necessidade de se desconectar dos outros.

GESTO DO AGARRADOR

É observado quando a pessoa volta a palma da mão para baixo, posiciona os dedos em forma de garra e toca no outro. É realizado com uma ou com as duas mãos ao mesmo tempo. O gesto do agarrador torna-se agressivo quando é por demais intenso. Não se faz necessário que aconteça o "agarre". Já vi muitos homens em posição de liderança tocar mulheres dessa forma ou conter o gesto no meio caminho. O gesto fica entrecortado, as mãos ficam no ar, mas a intenção permanece.

Realizado de forma amena e com um toque sutil, mesmo não sendo percebido conscientemente pelo outro, deve ser inserido no rol de gestos que aproximam as pessoas.

CONCORDÂNCIA

Enquanto o outro fala, a cabeça do interlocutor assente várias vezes. Isso significa concordância com o que está sendo dito e indica que a pessoa não deseja conflitos – ao contrário. Caso siga o mesmo ritmo do discurso, a concordância é irrestrita. Conheci um negociador que lançava um poderoso "sim" com a cabeça e projetava as mãos para a frente ao mesmo tempo, como se desejasse dar algo, e depois as erguia, controlando assim o queixo do interlocutor para obter aprovação.

CHUTE/CUTUCÃO POR BAIXO DA MESA

Além de esse gesto indicar que escutamos o outro atentamente, mostra que a opinião de quem recebeu o toque não é bem-vinda. Na realidade, o sinal é interpretado como: "Se toque daquilo que você diz".

LÁBIOS APERTADOS

Indica que o interlocutor está ouvindo, mas não concorda com aquilo que você diz. Quando a cabeça diz não, a reprovação é mais intensa. Quando o outro olha para o teto e cerra os lábios, indica que está ouvindo uma bobagem.

TAPAR A BOCA COM AS MÃOS OU COM OS DEDOS

Gesto que denota o seguinte: "Decididamente quero ficar calado diante daquilo que escuto. Não desejo emitir opiniões". Caso os olhos se arregalem, a mensagem é clara: "Meu Deus, quanta besteira!"

MEXER EM DOCUMENTOS

Gesto que depende do contexto. Pode significar que a pessoa está procurando dados que confirmem o que o interlocutor diz. Todavia, caso essa busca seja desordenada, caótica, em muitos casos indica que não se quer prestar atenção. O mesmo vale para quando a pessoa abre uma pasta e procura por "nada", apenas fuçando sem objetivo.

UNIR OS DEDOS EM FORMA DE CAMPANÁRIO

O campanário – gesto em que a ponta dos dedos de ambas as mãos se tocam, formando uma espécie de cúpula – indica reflexão, capacidade de avaliar o que o outro faz ou diz. Trata-se de gesto que indica superioridade e autoridade, sobretudo se associado aos cotovelos sobre a mesa. Colocar as mãos ou os cotovelos sobre a mesa é indicativo de querer tomar posse do território.

TAMBORILAR NA MESA

Gesto que indica falta de educação e desrespeito. Quem faz isso está com pressa, ansioso para que o outro termine logo a fala, e provavelmente não aceitará seus argumentos.

MANIPULAR OS ÓCULOS

Aquele que tira e limpa os óculos antes de responder a determinada pergunta deseja ganhar tempo para elaborar aquilo que vai dizer. Limpar os óculos enquanto o outro fala indica desinteresse. O mesmo vale para o ato de tirar e recolocar os óculos.

Já o indivíduo que olha por cima dos óculos quer transmitir a seguinte mensagem: "Sou superior a você, posso avaliá-lo". Além de assinalar desconfiança, indica que a pessoa julga o outro com espírito crítico.

MICHEL TEMER, A VELHA RAPOSA

As variações de um ditado talvez expliquem um pouco a linguagem corporal do presidente Michel Temer: "O diabo é esperto não porque é diabo e sim porque é velho" ou "O diabo não é esperto porque é velho, mas é velho porque é esperto".

Advogado, jurista e político sagaz, Temer tem longa trajetória de negociação em sindicatos portuários, um dos mais aguerridos em todo o mundo. Isto explica parte de sua linguagem corporal, mas não tudo.

Suas colocações verbais são sempre precisas; procura manter o tom de voz alinhado com o discurso que realiza. Agindo assim e escolhendo palavras pouco utilizadas pelo interlocutor comum, chega a impressionar alguns desavisados.

Esse tipo de conversação funciona diante de poucas pessoas e em salas de aula, mas é pouco eficaz diante de públicos maiores, especialmente aquele composto por indivíduos de diferentes origens. As palavras não atingem o alvo, pois carecem de significado para alguns. Esse tipo de discurso afasta as pessoas, sobretudo porque, em termos de carisma, o presidente deixa muito a desejar.

A linguagem corporal propriamente dita de Temer também não é das melhores. Ao andar com o queixo erguido, transmite um olhar de superioridade: "Sou maior e melhor do que você". Como ponto positivo, sempre encara o interlocutor quando fala.

O gesticular das mãos é bastante ativo; em alguns momentos, chega a exagerar em determinados gestos, embora estes concordem com a fala. Tanto as palavras como os gestos são sempre repletos de tensão, por demais incisivos em diversos momentos, cada gesto/palavra uma sentença. A postura de "peito de pombo", quando o tronco se infla e se projeta para a frente, transmite a intenção de partir para o enfrentamento e também demonstra orgulho exagerado.

Temer sorri pouco. Seu semblante parece estar sempre fechado. Isso também dificulta certos tipos de contato, tornando-o seletivo nos relacionamentos. Em resumo, a face não transmite empatia – e essa parece ser uma característica marcante na personalidade do presidente.

Nos diversos discursos de Temer que analisei, o mais marcante foi aquele em que se defendeu pela primeira vez das acusações de corrupção depois que áudios vazaram para a imprensa. Por ser um hábil negociador, a Câmara dos Deputados arquivou o processo enquanto ele for presidente. Todavia, foi uma fala tensa, preocupada, com diversas incongruências entre o discurso verbal e o corporal. Temer assinalava forte nível de insegurança, especialmente para alguém com vivências tão longas. Eu poderia resumir essa declaração do presidente em uma frase do filme *Casablanca*, quando Ilsa (Ingrid Bergman) diz ao pianista (Dooley Wilson): "You used to be a much better liar, Sam" [Você já mentiu melhor, Sam].

11. Na mesa de negociação 2: interpretando os demais

Escrevi este capítulo com o objetivo de analisar emoções que ocorrem nas mesas de negociação, mas não apenas nelas. É preciso que o líder esteja sempre atento à própria linguagem corporal e à dos demais.

NERVOSISMO

O nervosismo se manifesta de vários modos e com intensidade variável. Em geral as pessoas percebem essa emoção, o que é péssimo em termos de liderança. Quanto maior for o nervosismo de alguém, menor sua credibilidade.

A ex-prefeita de São Paulo Marta Suplicy perdeu muitos votos e credibilidade quando, descontrolada, convidou o repórter que a entrevistava a substituí-la na cadeira de prefeito. As desculpas posteriores não apagaram o estrago feito em sua imagem.

Como líder, você deve manter o controle durante todo o tempo, especialmente nos momentos críticos. Durante negociações ou reuniões complicadas, demonstrar nervosismo é o caminho mais curto para péssimos resultados.

Ao mesmo tempo, você precisa avaliar o nervosismo dos demais e encará-lo de modo propositivo, sobretudo para ajudar seus subordinados.

O nervosismo antecede situações que causam medo, dúvidas e as mais diversas expectativas, sejam elas positivas ou negativas. E, muitas vezes, anda lado a lado com a ansiedade.

Existem algumas maneiras de controlar o nervosismo: antes de qualquer atividade, procure comer e beber com moderação, evite bebidas alcoólicas, procure dormir bem e se prepare de modo adequado. Fale de modo pausado e tranquilo. Caso tenha de falar em público, não se "esconda" atrás da mesa ou do púlpito. Não peça desculpas antecipadamente, não se agarre à cadeira com intensidade.

Sinais de nervosismo:

- Aumento de autocontato.
- Movimentos aleatórios sem que existam motivos aparentes para tanto.
- Apertar as mãos, torcer os dedos.
- Olhar para os lados e mover a cabeça constantemente.
- Apertar objetos, morder a ponta da caneta ou do lápis.
- Roer unhas.
- Movimentar os dedos de forma agitada.
- Tamborilar com os dedos nas mesas ou no próprio corpo; agitar os pés.
- Morder os lábios e/ou os dedos.
- Colocar e tirar as mãos dos bolsos várias vezes.
- Grasnar, muitas vezes abrindo a boca e fazendo gestos faciais.
- Tagarelar de maneira desordenada.
- Respirar fundo e soprar de modo exagerado.
- Apertar as duas mãos em forma de soco e bater na mesa.
- Picar papel ou riscar com agressividade o caderno.
- Torcer objetos, como clipes de papel.
- Coçar a cabeça como se a estivesse lavando.
- Tapar o rosto e esfregá-lo com as mãos.
- Cruzar os dedos das mãos de forma tensa e levá-los à boca, muitas vezes simulando mordida ou até mesmo mordendo.
- Sorriso nervoso.
- Sinais fisiológicos: boca seca, aceleração dos batimentos cardíacos; transpiração excessiva; mãos trêmulas.

FRUSTRAÇÃO

Emoção surgida quando não conseguimos atingir determinados objetivos. O bom líder necessita trabalhar de forma adequada com as frustrações que de certa forma são naturais, como ser preterido numa promoção. Faz parte de seu aprendizado lidar com pequenos reveses.

A frustração muitas vezes é seguida de raiva, a qual é transferida para pessoas que nada têm que ver com a situação. As fontes internas da frustração envolvem deficiências pessoais; já as externas estão fora de nosso controle. Algumas pessoas desistem diante das frustrações: adotam atitudes infantis e até mesmo mimadas com o objetivo de chamar a atenção.

Também são comuns os comportamentos de resignação e agressividade. A frustração não deve ser confundida com a raiva, embora possa ser seu resultado.

Sinais de frustração nos confrontos:

- Dedos em riste, quando há raiva.
- Auto-ofensa (sou burro, idiota etc.).
- Cotovelo na mesa e mãos fechadas no queixo.
- Socar o ar.
- Contato visual raivoso.
- Dar de ombros.
- Repetir as mesmas frases.
- Gestos das mãos alterados, sobretudo punho cerrado.
- Invadir o espaço pessoal de quem motiva a frustração.
- Comportamento agressivo.
- Bater com a palma da mão na testa.

Sinais da frustração resignada:

- Cabeça baixa.
- Respiração mais agitada e rápida.
- Suspiros.
- Sentar dobrando o corpo para a frente.
- Mãos na cabeça, como se quisesse segurá-la.

- Mãos abertas na altura do peito.
- Gestos e palavras dramáticas.
- Mãos na cintura.
- Ir embora ou fugir.
- Jogar tudo para o alto: as mãos e até aquilo que carrega.

RAIVA

Trata-se de uma emoção de protesto, insegurança e frustração. É exteriorizada quando alguém se sente ameaçado, física ou emocionalmente. Prolongada, transforma-se em rancor. Não a confunda com o ódio, pois ela está repleta de componentes irracionais. O ódio tem objetivos destrutivos com base na racionalidade. Embora seja uma emoção intensa, a raiva tende a ser breve, enquanto o ódio pode durar anos sem fim. Ódio é sentimento, raiva é emoção.

Sinais de raiva:

- Respiração curta, agitada e rápida.
- Mandíbulas apertadas, com os lábios juntos ou os dentes à mostra.
- Sinais de tensão nas mãos e em todo o corpo.
- Rigidez postural com travamento em determinadas posições.
- Punhos cerrados.
- Riso falso.
- Dedos em riste, apontando para várias direções.
- Sinais de fechamento, com braços e pernas cruzados.
- Rosto vermelho.
- Movimentos corporais agitados e arrítmicos.
- Balançar os braços e o corpo de maneira agitada.

HUMILDADE

A palavra "humildade" vem do latim *humus*, que significa terra. Considerada uma virtude, está ligada à modéstia, ao respeito, à reverência e à submissão. A pessoal humilde assume obrigações, erros e culpas sem grande resistência e com um nível de agressividade baixo ou quase nulo.

Trata-se de uma característica contraditória para os brasileiros. Qualquer líder que se apresente e destaque suas qualidades é considerado arrogante, impertinente e por demais orgulhoso. Para nosso povo, a pessoa famosa necessita obrigatoriamente ser humilde. Parece que estamos proibidos de dizer "Eu sou muito bom naquilo que faço". Já os americanos consideram normal falar sobre as próprias capacidades.

Ser humilde não é ser modesto, ou seja, não se valorizar abaixo da medida exata de suas qualidades. Como o líder precisa se sobressair, tome cuidado para não transmitir uma ideia de falsa humildade.

Sinais de humildade:

- Voz baixa e/ou suplicante.
- Ombros arqueados.
- Excesso de reverência.
- Aperto de mão com a palma voltada para cima.
- Pedir desculpas sem motivos.
- Olhar baixo, indireto.
- Pouco contato visual.
- Facilidade de ouvir.
- Mãos cruzadas em forma de súplica.
- Mãos se apertando na frente do corpo.
- Cabeça encolhida sobre os ombros.

ARROGÂNCIA

Ao contrário do humilde, o indivíduo arrogante se sente superior aos demais. Não deseja ouvir as considerações que lhe fazem, pois julga que já sabe de tudo e não precisa ouvir pessoas "menos preparadas". Aqui se notam soberba, altivez exagerada e vaidade.

Não se deve confundir o líder confiante com o arrogante. O gestual do ex-presidente americano Barack Obama mostrava autoconfiança, mas nunca soberba. Quase sempre as pessoas arrogantes deixam transparecer a desaprovação a tudo que os outros dizem ou fazem. Quando suas posições não são aceitas, podem agir de forma agressiva.

Os arrogantes demonstram uma falsa sensação de autoimportância, tentando transparecer mais do que realmente são, assim como ignoram os demais e suas necessidades. Costumam expressar sua "superioridade" por meio de palavras ou exibindo roupas, joias, carros e bens.

Sinais de arrogância:

- Peito estufado, queixo levantado.
- Falar mais alto.
- Tom de voz exagerado.
- Gestos amplos, alguns com certo dramatismo.
- Olhar os demais por cima.
- Afastar-se de quem chega perto.
- Medir as pessoas dos pés à cabeça.
- Postura agressiva, posição do caubói.
- Face de nojo e de superioridade quando o outro diz algo.
- Desprezo pelo que dizem os demais.
- Tratar de forma agressiva ou rude os subalternos.
- Ofender os mais humildes.
- Autoelogios em qualquer oportunidade.
- Braços cruzados e queixo erguido ao mesmo tempo.
- Dificuldade de ouvir. Diz não com a cabeça enquanto o outro fala.

NARCISISMO

Narcisismo é o amor exagerado por si mesmo ou pela própria imagem. O termo "narcisismo" foi criado por Havelock Ellis no final do século XIX. Em 1911, o psicanalista Otto Rank publicou o primeiro trabalho que vinculava o narcisismo à vaidade e à autoadmiração.

É preciso observar o narcisismo com certo cuidado, pois pesquisas demonstram que alguns líderes apresentam características típicas desse comportamento que levam ao sucesso.

O narcisista amplia de forma intensa sua autoimportância; tudo nele é mais grandioso que nos demais. Pequenos talentos se transformam em únicos e realizações medíocres são consideradas feitos únicos na história da humanidade. Mesmo dentro das empresas, um pequeno sucesso é encarado pelo narcisista como "a maior conquista de toda a história da corporação".

O líder narcisista acredita que é especial e está acima do bem e do mal; que sua inteligência, sua capacidade e seu poder são únicos. Gosta de ser admirado e aplaudido.

É comum que se aposse dos créditos dos subordinados, muitas vezes de forma indireta: "Quando eu o orientei, sabia que você ia atingir essas metas".

Evidentemente, esse tipo de líder acaba tomando atitudes consideradas arrogantes; com o tempo somente os mais desavisados acreditam em sua liderança.

Nos sinais de narcisismo estão presentes muitos da arrogância:

- Observar constantemente o próprio visual.
- Arrumar o cabelo com insistência.
- Voz alta, impositiva e depois condescendente.
- Críticas sem motivos.
- Necessidade de chamar atenção.
- Invadir o espaço dos demais.
- Gestos largos com as mãos.
- Roupas diferenciadas e exageradas.
- Apontar o dedo.
- Gestos teatrais para atrair atenção.
- Exageros nas palavras.
- Exagerar emoções.
- Andar com os braços abertos.
- Estufar o peito.
- Pouca resistência a um espelho.

INDECISÃO

Estado emocional de aflição. Manifesta-se naquele que não consegue escolher uma das opções disponíveis. Quando todas são desagradáveis, vive um dilema – mais ou menos como um médico que precisa escolher um dos pacientes para salvar. O mesmo se aplica ao adolescente que não sabe se vai ao cinema com os amigos ou sai com a namorada.

Sinais de indecisão:

- Movimentos do corpo agitados, para a frente e para trás.
- Agitação nas mãos.
- Roer unhas.
- Torcer os dedos.
- Apertar objetos.
- Unir as mãos e balançá-las como se estivesse rezando para ter a resposta.
- Balançar a cabeça para ambos os lados.
- Abrir e fechar as mãos de forma arrítmica.
- Coçar a cabeça.
- Girar em torno de si mesmo, como se estivesse procurando respostas.

PREOCUPAÇÃO

Como outras características, a preocupação tem se exacerbado nos últimos tempos. As pessoas vivem sempre preocupadas. Não largam um só minuto de seus afazeres, estão ligadas durante 24 horas aos celulares, às contas bancárias, ao emprego. Com a preocupação, aparecem a ansiedade, a angústia, o nervosismo, o estresse.

Sinais de preocupação:

- Todos aqueles descritos no nervosismo.
- Atitudes agitadas.
- Roer unhas.
- Morder a ponta do lápis ou da caneta.
- Atenção desfocada.

- Tamborilar no próprio corpo.
- Coçar a cabeça.

VERGONHA

John Bradshaw (2005) conceitua vergonha como a "emoção que nos deixa saber que somos finitos". Consiste em ideias e estados emocionais e fisiológicos induzidos por conhecimento ou consciência de desonra, desgraça ou condenação. Em muitos países, torna-se motivo de suicídio. A pessoa não consegue lidar com o motivo que a levou à vergonha.

Às vezes a vergonha é produzida pela verbalização de insultos que colocam o outro em situação vexatória. Atualmente, a internet é utilizada também para a exposição pública de fraquezas ou defeitos de pessoas ou grupos.

Sinais de fraqueza:

- Encolhimento corporal.
- Tapar os olhos com as mãos.
- Não encarar as pessoas.
- Riso nervoso.
- Olhar baixo, indireto.
- Rubor facial.

ATENÇÃO

Processo pelo qual focalizamos e selecionamos ideias, pessoas e objetos. Quanto mais intensa for a observação de algo, maior a tendência à imobilidade, pois a concentração passa a ser total. A atenção concentrada é aquela que se processa em apenas um estímulo por vez.

Existem fatores motivacionais, fisiológicos e de concentração para que a atenção não se disperse.

Sinais de atenção:

- Abrir um pouco mais os olhos na primeira mirada.
- Contato ocular direto por longos períodos.
- Diminuição dos movimentos, imobilidade.

- Mãos juntas no queixo, em forma de oração, inclusive com dedos entrelaçados.
- Colocar os óculos de imediato.
- Baixar os óculos no nariz e inclinar a cabeça.
- Colocar a mão na boca com o indicador no nariz, como se apontasse para o objeto.
- Inclinar a coluna e a cabeça na direção do objeto.
- Franzir a testa e/ou as sobrancelhas.
- Inclinar-se para trás na cadeira, com ou sem a mão no queixo.
- Aproximar-se com a cabeça e os olhos em um movimento curto.
- Colocar as mãos abertas na cabeça, como se fosse um cabresto. Possibilita à pessoa isolar-se dos demais visualmente.

DEFENSIVIDADE

Na atualidade, é mais que natural que as pessoas assumam os mais diversos tipos de comportamento defensivo. Ao sair para o trabalho, normalmente ampliamos o nível de alerta em relação ao trânsito, às pessoas, ao material que carregamos. Ao chegar lá, muitas vezes não desarmamos esse estado de espírito. O mesmo ocorre na volta para o lar.

Observo, em minhas palestras, que o nível de defensividade varia de cidade para cidade, inclusive de acordo com a área pela qual estamos transitando. Antes de iniciar minha fala, tento baixar o nível de tensão do dia e diminuir a defensividade dos presentes.

Sinais de defensividade:

- Unir os punhos, cerrar as mãos.
- Fechar e abrir as mãos ao lado do corpo.
- Socar a mão aberta com a outra fechada.
- Apertar os lábios.
- "Esconder-se" atrás do púlpito ou microfone.
- Colocar pastas ou objetos à frente da mesa.
- Rugas verticais entre os olhos.
- Cruzar os braços e as pernas.

- Desviar os olhos para evitar confrontos.
- Respiração rápida, por vezes profunda.
- Abraçar objetos, como bolsas, pastas e outros.
- Cerrar os dentes, morder os lábios.
- Corpo voltado para a saída do recinto.
- Pressa para sair do local ou da situação em que se encontra.
- Respostas negativas e curtas.

IMPULSIVIDADE

Tendência a agir ou tomar decisões de maneira súbita e sem a devida reflexão. O indivíduo impulsivo não leva em conta todos os fatores envolvidos em determinado contexto. Tem dificuldade de controlar os impulsos e manter a inibição social e comportamental normais. Há casos de alterações neurobiológicas.

Sinais de impulsividade:

- Agitação corporal constante.
- Responder antes de ouvir a pergunta completa.
- Movimentos arrítmicos das mãos.
- Comer e beber rapidamente.
- Começar a realizar a tarefa antes de ouvir toda a ordem.
- Impaciência diante de ambientes monótonos.
- Baixa tolerância à frustração.
- Rapidez na fala e nos movimentos.
- Dedos e mãos se movendo de forma agitada. Indicador e polegar se esfregam de forma alternada.
- Pressa e dificuldade de esperar, especialmente em filas.
- Frases incompletas.
- Fazer duas ou mais coisas ao mesmo tempo.
- Sensibilidade a provocações, críticas ou à rejeição.
- Esfregar o cabelo rapidamente.

ESTRESSE

O estresse é a resposta do organismo a determinados estímulos que representam circunstâncias ameaçadoras. Para se adaptar às novas situações, o corpo desencadeia determinadas reações que ativam a produção de hormônios, entre eles a adrenalina. Isso nos deixa em estado de alerta e em condições de reagir ao perigo que a situação representa.

O estresse é observado no comportamento corporal, contudo diagnosticado somente por especialistas e com vários tipos de exames. É considerado por muitos o mal do século.

Não confunda irritação com estresse nem se precipite em fazer diagnósticos. O livro *Anatomia emocional*, de Stanley Keleman (1992), traz impressionantes e elaboradas figuras a respeito da maneira como o estresse afeta o corpo humano.

Sinais de estresse:

- Respiração curta e superficial.
- Sufocação, rubores, calafrios.
- Palpitações cardíacas ou taquicardia.
- Mãos frias e suadas, boca seca. Mudanças no tom de voz.
- Vertigens, náuseas.
- Dificuldades de engolir. Má digestão, gastrite, úlcera.
- Prisão de ventre e diarreia. Flatulência.
- Acne, pele envelhecida, rugas, olheiras. Enfraquecimento das unhas.
- Seborreia, queda de cabelos, cabelos brancos.
- Diabetes, doenças psicossomáticas.
- Diminuição de libido, impotência sexual.
- Insatisfação com tudo.
- Irritabilidade, explosão sem motivos aparentes.
- A concentração e a memória diminuem.
- Insônia, sono agitado, pesadelos.
- Atividades que davam prazer se tornam sobrecarga.

12. O líder conectado

No início deste livro, vimos a importância da empatia e de reconhecer emoções nos seus liderados. Porém, o líder deve ir além: precisa criar e manter conexões com os subordinados e com aqueles que o rodeiam.

Segundo Bradberry e Greaves (2014), o líder influente estabelece conexões com inúmeras pessoas, alimenta essas redes de modo duradouro e conhece a fundo seus contatos. Além disso, aprimora a ligação entre os membros de seu grupo.

A seguir abordarei alguns gestos de conexão. Procure utilizá-los diariamente e os incorpore ao seu "vocabulário" gestual. Quanto mais praticá-los, mais naturais eles vão parecer.

A TÉCNICA DO "PÓDIO" OU PEDESTAL

Se bem utilizada, essa técnica traz as pessoas para mais perto de você e vai além: consegue desarmá-las e permitir que você as convença com mais facilidade. Trata-se de algo muito simples: consiste em destacar no interlocutor uma qualidade específica.

Vamos a um exemplo: há alguns anos, minha mãe adoeceu e foi hospitalizada. Infelizmente, alguns dias depois da internação recebi a notícia de seu falecimento. Antes de qualquer coisa, telefonei para o meu pai, que à época tinha 80 anos, e disse: "Pai, o médico nos chamou ao hospital. Ainda não sabemos como a mãe está. Porém, *o senhor, que foi policial durante mais de 30 anos e sempre teve a habilidade de dar notícias não tão boas,* talvez tenha de receber uma delas. Mas vamos lá, talvez não seja nada".

Observe o trecho em itálico: destaquei a habilidade de meu pai como policial e diante de uma situação específica. Ele foi colocado no pódio por sua capacidade profissional (também poderia ser uma característica pessoal, emocional etc.). Nesse caso, a pessoa se sente bem e normalmente se desarma. Assim fica muito mais fácil colocar nossas ideias.

Há alguns anos, fui convidado a prestar consultoria a uma multinacional da indústria farmacêutica. Durante minha pesquisa de campo, acompanhei vários representantes de vendas que abordavam médicos com pós-doutorado e diziam: "Doutor, vou explicar para o senhor o princípio ativo desta substância".

Embora se trate de uma empresa de ponta, é evidente que muitos médicos já sabiam de antemão como funcionava a substância – alguns deles até faziam pesquisas com aquele composto. Então, orientei os representantes a mudar o discurso: "Doutor, *tenho certeza de que senhor é especialista no princípio ativo de várias substâncias,* mas me permita apresentar mais algumas informações".

Perceba: ao colocar o médico no "pedestal", foi possível reconhecer suas qualidades. O mesmo aconteceu com meu pai. A pessoa se sente mais tranquila e confortável para receber as mensagens.

Utilize essa técnica sempre que puder, mas tenha cuidado para não elogiar. Não se trata de fazê-lo, mas de citar características ou qualidades que a pessoa de fato tem ou pelas quais demonstra apreço.

Uma última dica: Não exagere. "Doutor, *sei que o senhor que conhece tudo a respeito dessa substância,* mas me permita apresentar mais algumas informações, *embora eu tenha plena certeza de que o senhor já tem conhecimento delas".* Aquilo que era para ser técnica transforma-se em bajulação.

A "ESCADA"

Na novela *Terra Nostra*, escrita por Benedito Ruy Barbosa e exibida pela Rede Globo entre os anos de 1999 e 2000, a atriz Maria Fernanda Cândido despontou como grande revelação. Atuando ao lado de Raul Cortez, acabou roubando a cena e muitas vezes tirou o foco dos protagonistas.

O grande ator Raul Cortez percebeu que o foco principal estava na jovem e, em vez de tomar conta das cenas, alavancava a atriz. Não queria brilhar; usando sua experiência, conseguia tirar o melhor dela. Assim, funcionou como escada para que Maria Fernanda pudesse subir. Funcionou tão bem que, depois dessa novela, ela jamais conseguiu fazer uma personagem tão marcante.

A diferença entre o pedestal e a escada está naquilo que desejamos: no pedestal, o líder deseja mostrar suas ideias com mais facilidade; na escada, o objetivo é dar ao outro a oportunidade de se mostrar, exibindo o que tem de melhor.

O bom líder sabe fazer isso com maestria e, muitas vezes, sem que o subordinado ou o parceiro perceba o que está acontecendo. Cabe ao líder conhecer de maneira profunda seus liderados, sobretudo as características pessoais e técnicas de cada um deles. Se você não conhece as habilidades dos subordinados, não deve solicitar ou exigir algo que eles talvez não possam dar.

Voltando à escada. Sabendo de antemão que determinado funcionário era especialista num assunto específico e realmente conhecia a matéria, o gerente disse: "Carlos, você poderia fazer algumas considerações sobre segurança patrimonial". Ou: "Sei que peguei você de surpresa, Carlos, mas gostaria que falasse um pouco sobre segurança patrimonial.

Outro meio de potencializar seu liderado é perguntando: "Por favor, me explique como se faz isso" ou "Por favor, explique para nós a importância desse assunto"(temas que você deseja que todos conheçam.)

Mesmo quando existe somente um interlocutor você pode utilizar essa técnica solicitando determinadas informações, pedindo que ele explique o assunto. A pessoa se sente mais confiante, mais à vontade. Isso facilita a conexão entre o líder e o subordinado. Todavia, cuidado para não parecer ignorante demais.

As duas técnicas, "o pedestal" e a "escada", muitas vezes são realizadas juntas. Vale novamente o alerta: cuidado para não bajular nem exagerar.

13. Gestos de conexão

VEJAMOS AGORA MAIS ALGUMAS técnicas para nos aproximar-mos dos demais, sobretudo daqueles que não conhecemos e com os quais queremos iniciar um relacionamento.

O TRIPÉ

Os principais gestos de conexão imediata repousam em um tripé: erguer a sobrancelha, sorrir e inclinar a cabeça. Todos são utiliza-dos conjuntamente e por não mais que dois ou três segundos. Se aplicados separadamente, perdem a eficácia; assim, ao treinar faça-os ao mesmo tempo. O mais difícil é colocar o sorriso entre os três. No início você pode sorrir e depois realizar os outros dois. A inclinação lateral do pescoço deve ser deixada sempre por último.

Certamente já descrevi a importância do sorriso nas relações interpessoais, mas ainda convém lembrar que o sorriso falso pre-judica o contato. Hoje, muitas pessoas têm a perfeita noção de que o sorriso sem pés de galinha é falso.

O gesto de levantar sobrancelha em geral é feito de modo in-consciente e quase imperceptível. Todavia, como os outros ges-tos, é facilmente treinando e incorporado quase de imediato na linguagem corporal. Trata-se de um dos mais poderosos gestos de contato. Em meus treinamentos de linguagem corporal, ob-servo que a mulher tem mais facilidade de expressar o gesto de modo discreto. Os homens necessitam de mais treino, pois normalmente exageram ao erguer as sobrancelhas.

A primeira característica desse sinal é dizer ao outro que estamos em contato visual com ele: "Estou notando sua presença", "Observo você com atenção". Outra grande vantagem é que as pessoas não necessitam estar próximas. Em geral, elas reagem de maneira positiva a esse tipo de olhar.

Também é mais fácil para a mulher inclinar o pescoço lateralmente. Porém, quando o gesto é exagerado, os homens podem interpretá-lo como submissão ou sedução. Alguns autores dizem que inclinar a cabeça e mostrar o pescoço lança feromônios no ar, o que aumenta a atração do parceiro. Existem muitas controvérsias em relação aos feromônios, mas pouca em relação ao gesto em si. Ao expor a carótida de modo tão intensivo, a mensagem passada é a de que não somos agressivos, confiamos na pessoa. Afinal, um simples corte nas artérias da carótida leva facilmente à morte. Acredita-se que as pessoas que fazem esse gesto são consideradas mais amigáveis, bondosas e honestas.

TOQUES

O ser humano é bastante sensível aos toques, mesmo que não o perceba de forma consciente. Pesquisadores mostraram que os garçons que na hora de entregar a conta tocavam levemente o dedo no freguês recebiam melhores gorjetas (Lynn, 2003). A avaliação dos atendentes de bibliotecas também era melhor entre os que realizavam o toque quase imperceptível. Nos Estados Unidos, estudos mostram que gerentes de banco ficam mais dispostos a emprestar dinheiro quando os clientes os tocam.

O resultado do toque é a liberação da ocitocina, hormônio fundamental para o estabelecimento de laços de confiança. A ocitocina é produzida pelo hipotálamo e tem, entre outras, a função de desenvolver apego e empatia entre pessoas.

Pesquisas mostram que as áreas mais comuns do corpo que permitimos que os demais toquem são mãos e braços. As mulheres sem dúvida são mais sensíveis ao toque que os homens, tanto no plano emocional como no físico. A pele feminina é bem mais fina que a do homem; portanto, acusa com mais facilidade variações térmicas, sensações etc. Aliás, existem áreas no corpo feminino que não devem ser tocadas de maneira nenhuma, a não ser que haja grande intimidade. A regra é simples: na dúvida, não toque. Tocar na cintura da mulher é sinal de forte intimidade. O homem que segura as mãos da mulher por algum tempo também revela contatos mais intensos.

Os braços também transmitem grande quantidade de informações e auxiliam-nos a decifrar os sentimentos e até mesmo as intenções dos demais. Para Joe Navarro (2008) uma das melhores maneiras de estabelecer contato com alguém é tocá-lo no braço, em algum lugar entre o cotovelo e o ombro.

No Brasil e em alguns países da América Latina, é muito comum que as pessoas se abracem e se beijem no rosto. A diversidade cultural de nosso país faz que em alguns lugares do Sul a tradição seja dar três beijos ("para casar"); no Rio de Janeiro, são dois. Já em São Paulo se dá apenas um miserável beijo (palavras de meu amigo Roberto). Assim, preste atenção especial quando for realizar cumprimentos, sobretudo no caso de estrangeiros.

O toque de mão do líder deve ser caloroso, decidido e principalmente firme – o outro deve reconhecer sua liderança pelo aperto de mão. Durante esse cumprimento, dê um pequeno e quase imperceptível toque no braço da pessoa com a outra mão. Chamado de "toque mágico", ele facilita a interação. Todavia, as pessoas se irritam quando alguém diz algo e, ao mesmo tempo, toca no corpo do interlocutor, como se quisesse introduzir a palavra no corpo do outro. Às vezes, cada palavra corresponde a um toque. Evite esse comportamento.

As mulheres precisam ter bastante cautela quando tocam homens; alguns interpretam o gesto como convite sexual. Outro detalhe de suma importância: existem culturas nas quais a mulher é proibida de ser tocada por outros homens que não o marido – nem mesmo o aperto de mão é permitido. Recordemos ainda que o líder sempre toca mais e não gosta de ser tocado. Como líder, você deve utilizar toques protetores: mão nas costas, sua mão com a palma para baixo sobre a mão da outra pessoa, mão nos ombros, tapinhas de incentivo nos braços etc. O líder sempre toma a iniciativa.

ACENAR

O ex-presidente dos Estados Unidos Barack Obama é um especialista em acenar. Esse gesto conecta a pessoas aos demais e pode ser utilizado a grande distância. A aceitação é maior ainda quando vem acompanhado de sorrisos.

Sempre que acenar, faça-o com a palma da mão voltada para o outro; o sinal transmitido é o de sinceridade. Mas, por favor, não acene para o garçom nem estale os dedos, atitudes consideradas desagradáveis. O bom líder é capaz de chamar o garçom apenas com o olhar.

ESPELHAMENTO CORPORAL

O espelhamento corporal ocorre de modo inconsciente quando a pessoa executa os mesmos gestos que o outro, como estivesse em frente ao espelho. Quando bem utilizada de forma consciente, a técnica produz resultados surpreendentes; porém, cai no terreno da imitação barata quando se tenta reproduzir os mesmos gestos que o interlocutor.

Espelhar faz que "eu" pareça com você. Facilita a empatia e ajuda a criar e manter relacionamentos duradouros.

Segundo o antropólogo inglês Desmond Morris (1977), o cérebro humano absorve as mensagens gerais de sincronia e responde com cordialidade àquelas que ecoam nossas posturas e nossos movimentos corporais. Porém, o espelhamento precisa ser natural e pleno de espontaneidade.

Outro resultado positivo é evitar conflitos. As mulheres espelham cerca de quatro vezes mais diante de outras mulheres e mais que os homens diante de outros homens, estando assim mais propensas à conciliação.

A técnica é utilizada nos primeiros minutos de contato e não se prolonga até o fim da conversa. Se bem executada, fica restrita aos 90 segundos iniciais. Ao longo da conversa você deve espelhar novamente por breves períodos para criar mais contato. Só não exagere.

Mais importante que espelhar é entrar em sintonia, ou seja repetir de forma não intencional os mesmos gestos dos outros. Isso ocorre quando as pessoas têm grande afinidade, sendo muito comum em casais.

Por fim, o sorriso retribuído ou realizado ao mesmo tempo certamente abre portas para novos e interessantes contatos.

ESPELHAMENTO VERBAL

A técnica do espelhamento verbal ou "eco verbal" tem o mesmo objetivo do espelhamento corporal. Os dois andam juntos. Por assim dizer, são inseparáveis.

Um dos grandes mestres nessa área é o apresentador Silvio Santos. Um de seus diálogos mais comuns é o seguinte:

— Joana, em que cidade você mora?

— Santos.

— Ela mora em Santos, conheço Santos, já estive lá várias vezes, gosto muito da cidade. É a terra do Pelé, o rei do futebol. Minhas colegas de trabalho, palmas para a Joana, palmas para Santos.

Chamar a pessoa pelo nome ajuda na conexão. Além disso, Silvio não repete de forma exata as palavras, mas utiliza sinônimos e de imediato cria uma conexão com a cidade. Ou seja, os interlocutores passam a ter algo em comum, algo de bom que compartilham. Nesse caso, estamos falando de um grande líder que sabe como ninguém manipular as massas.

No espelhamento verbal, o tom de voz e as inflexões ficam parecidos. Tome cuidado para não virar papagaio do outro, o resultado é catastrófico.

Ainda segundo Morris (1977), o verdadeiro vínculo geralmente ocorre entre pessoas de mesmo *status*. Na realidade, o espelhamento tem com objetivo final o seguinte sentimento: "Sou exatamente como você" ou "Somos idênticos".

Para muitos autores, as pessoas de menor *status* tendem a espelhar as de maior. Porém, em alguns casos –como entrevistas de emprego –, isso pode ser vantajoso, pois cria vínculo e dá ao superior segurança para se sentir dono da situação e atender exatamente àquilo que o outro deseja.

POSTURA ABERTA

Nada melhor do que aprender técnicas de liderança observando os bons líderes. Outra característica de Silvio Santos é andar pelo auditório com as palmas das mãos abertas e voltadas para o público, sinal clássico de sinceridade. Silvio faz isso com os cotovelos ao lado do corpo. O aspecto geral da postura é o de quem vai abraçar alguém. Ela transmite sinceridade: "Estou disposto a receber suas mensagens, a ouvir você".

Alguns executivos desabotoam totalmente o paletó antes de se sentar à mesa de reuniões. Outros chegam a tirá-lo e colocá-lo no encosto da cadeira. Ambos os gestos indicam abertura nas relações.

A postura aberta não se faz somente em termo de postura. É preciso deixar a sua frente desprovida de objetos (vasos, pastas, pilhas de papel etc.).Ainda que eles não obstruam sua visão, funcionam como barreiras na comunicação.

OLHOS ABERTOS

Já vimos que erguer a sobrancelha é um gesto que nos conecta ao outro mais facilmente. Da mesma forma, manter os olhos mais abertos que normal demonstra alto nível de interesse.

Nesse mesmo contexto, é obrigatório que você olhe diretamente nos olhos do interlocutor. Isso indica sinceridade e que o outro está sendo ouvido com extrema atenção.

Em determinados lugares do Brasil, não olhar diretamente nos olhos do outro é sinal de mentira e fingimento, especialmente quando estamos falando. Todavia, essa interpretação nem sempre é correta: indivíduos tímidos e envergonhados muitas vezes não conseguem mirar seu interlocutor diretamente nos olhos. Quando se aproximam daquelas que consideram de maior *status*, as pessoas humildes baixam os olhos e a cabeça.

CONCORDAR COM FREQUÊNCIA

Quando a pessoa diz algo com que concordamos, o ideal é que a cabeça faça o gesto de concordância. Baixe e erga a cabeça ligeiramente duas ou três vezes (no máximo) bem devagar. A mensagem é clara: "Concordo com aquilo que você está dizendo, estou ao seu lado".

O gesto é de aprovação. Contudo, não vire "vaquinha de presépio", concorde com o outro apenas nos pontos principais. O ideal é fazer o gesto logo no início da reunião e, ao longo dela, duas ou três vezes. Repita-o no encerramento.

Em geral, essa mensagem é enviada diretamente a quem está com a palavra, mas nada impede que você envie o sinal de concordância a ela e aos demais presentes. O objetivo é dizer ao outro que você apoia aquilo que está sendo dito.

INCLINAR-SE PARA A FRENTE

Você se lembra de quando era criança e alguém oferecia algo que você não apreciava? Seu corpo se fechava e havia um pequeno recuo. Porém, caso a oferta fosse de guloseimas, seu corpo se inclinava em direção a elas. Inclinar-se para a frente a fim de que as faces se aproximem é um gesto típico dos enamorados.

Quando o outro estiver falando, inclinar-se para a frente é sinal de interesse e facilita muito a conexão.

OUTROS GESTOS

Atos simples – como sussurrar e falar baixo e perto do outro – aproximam bastante as pessoas. Existe a necessidade de se aproximar para escutar melhor, e quanto menor é o espaço físico mais fácil fica a conexão.

O ato de "arrumar o parceiro" – ajeitar a gravata, tirar fiapos da roupa – também indica ligação. Porém, tome precauções ao tocar no outro. Não use de intimidades que você não tem.

Nas mulheres, colocar o cabelo para trás com as duas mãos é sinal de forte conexão, pois o pescoço fica exposto, indicando confiança.

Para concluir este capítulo, sugiro que você utilize esses gestos em conjunto e nunca exagere. Tenha em mente as pessoas envolvidas e o lugar onde se encontra.

14. Gestos de falta de conexão

AO CONTRÁRIO DOS GESTOS de conexão, os de falta dela devem ser evitados, mas não são de todos proibitivos; em determinados momentos, servem para enviar poderosas mensagem não verbais aos demais.

APERTO DE MÃO PEIXE MORTO

Quem realiza o aperto de mão frouxo ou somente com a ponta dos dedos é considerado sem caráter ou de personalidade fraca. Esse gesto gera desconfiança: não se acredita nas intenções iniciais de quem o realiza. Em algumas regiões do Brasil (no interior de Minas Gerais, por exemplo) é muito comum o aperto de mão frouxo ou somente com a pontas dos dedos.Todavia, trata-se de um gesto cultural.

OLHAR ENVIESADO

Olhar de lado, com "o canto dos olhos" indica desconfiança. Portanto, as intenções e os pensamentos não são positivos. Vale lembrar, porém, que esse tipo de gesto depende muito da maneira como os demais movimentos corporais se desencadeiam.

CONTAR FIAPOS

Durante uma entrevista para a Rede Globo, Alexandre Nardoni, acusado de matar a própria filha, tirava da roupa sujeiras imaginárias. O gesto em si pode ser considerado autotoque – necessidade de se acalmar –, mas vai além disto: tem íntima conexão com "caçar piolhos imaginários" e também com "dar petelecos" em algo na roupa: "Não estou interessando naquilo que você diz". Os homens contam fiapos e as mulheres avaliam as unhas quando não querem ver ou ouvir o outro. Trata-se de um gesto deselegante e desnecessário para qualquer um.

FECHAR OS OLHOS

Aqui a interpretação é direta e a mais simples possível: "Não quero ver você, sua presença me faz mal". A desconexão é imediata e fica mais evidente quando se coloca a palma das mãos nos olhos. A conotação desse gesto se agrava quando, depois de pôr as mãos nos olhos, a pessoa esfrega as mãos no rosto. Com isso quer dizer: "Suas palavras me irritam".

BOCEJAR

Para início de conversa o bocejo é considerado falta de educação e desrespeito. Mesmo quando controlado com a mão na boca precisa ser evitado. Indica desprezo e pouco caso com o que o outro diz ou faz. O gesto gera desconexão imediata, pois é facilmente percebido a distância.

DIZER NÃO COM A CABEÇA

Quando a pessoa diz sim com a boca e não com a cabeça, provavelmente está mentindo. Porém, quando alguém está falando e o outro faz o gesto de negação com a cabeça indica discordância com o que ele diz. A velocidade do gesto também é considerada: quando rápida, a discordância parece ser mais superficial – discorda-se de imediato, sem considerações ou reflexão sobre aquilo que foi dito. Todavia, quando o não com a cabeça é feito pausadamente, mostra conhecimento do que o outro diz e uma discordância bastante profunda.

SOBRANCELHAS FRANZIDAS

Sobrancelha franzida indica tensão, preocupação, irritação, agressividade. O que vemos ou escutamos não é bem-vindo, faz mal, causa desconforto. Muitos chamam isso de "cara feia". Como ninguém gosta de cara feia, tenha cuidado com esse gesto, que muitas vezes é interpretado da seguinte forma: "Olhar para você me faz muito mal".

COÇAR

Coçar tem vários significados, que dependem de qual parte do corpo as mãos tocam. Coçar a parte superior da cabeça indica dúvida. Às vezes, a pessoa coça as mãos, o que tem a mesma conotação. Se bufar ao mesmo tempo, significa que deseja aliviar as tensões.

Coçar as axilas, sinal de extrema falta de educação, é algo totalmente fora de cogitação para o líder. Todavia o suprassumo da incivilidade é o homem coçar suas partes íntimas. Agindo assim, demonstra total desprezo pelos ritos sociais.

Infelizmente muitos homens fazem isto sem se dar conta. Outros literalmente seguram e acomodam a genitália. Não preciso nem citar o nome, mas o agora ex-presidente brasileiro fazia isto costumeiramente, inclusive em viagens internacionais.

POSTURA FECHADA

Quando cruzamos os braços e as pernas, indicamos que estamos fechados a ideias. Durante reunião com alguns executivos para falar sobre linguagem corporal e negociações, observei que um deles sempre cruzava os braços quando outro participante emitia opiniões. No intervalo, descobri que ambos eram quase desafetos. Solicitei a todos que não cruzassem os braços quando alguém falasse, pois isso denotava não aceitação às ideias de outrem. De modo inconsciente, a cruzada de braços quase se repetiu, mas imediatamente foi desfeita com um sorriso. Embora não existam soluções mágicas na linguagem corporal, durante o almoço observei os dois conversando de maneira bastante positiva.

REVIRAR OS OLHOS

O ato de girar os olhos para cima, acompanhado de um giro de cabeça, avisa que o interlocutor considera totalmente fora de propósito o que está ouvindo. Esse gesto é poderoso porque deixamos de olhar para o outro. A perda da conexão visual, especialmente quando estamos próximos, dificulta o relacionamento interpessoal.

FRANZIR O NARIZ

Lembra-se da expressão "torcer o nariz" para algo? Entre seus vários significados, indica "Não estou nem aí" e "Isso me cheira mal". Esse gesto tem íntima ligação com o nojo. Para muitos especialistas, o nojo em relação ao outro é sinal de que a relação entre os dois está terminada.

ESFREGAR AS MÃOS

Muitas vezes, a interpretação de um mesmo gesto depende do contexto em que ele é executado. Esfregar as mãos ou apertá-las como se as lavasse é indicativo de ansiedade. Porém se for realizado um pouco mais rápido e sem muita tensão significa: "Vou enganar você", "Minha intenção é levar vantagem" etc.

BUFAR

Soprar o ar para fora com intensidade significa aliviar tensões: "Ufa!" Indica que desejamos colocar para fora algo que nos incomoda. Funciona como desconexão, pois não estamos satisfeitos com as condições do momento. Esse gesto é chamado de "corneta" quando fechamos a mão em forma de soco e sopramos nela.

ENROLAR O CABELO

Gesto por excelência feminino. Se, de um lado, indica sedução e feminilidade, de outro transmite desinteresse: "Meu cabelo é mais importante que tudo isso", "Não dou a mínima atenção àquilo que você diz". A desconexão total acontece quando esse gesto vem acompanhando da face de desprezo.

Em alguns casos, mexer no cabelo pode indicar um comportamento compulsivo, comum naqueles que se frustram com certa facilidade, são impacientes, realizam gestos corporais repetitivos etc.

INCLINAR-SE PARA TRÁS

Quando realizado na cadeira ou até mesmo em pé, indica: "Não concordo com você, estou com um pé atrás (literalmente) em virtude das suas palavras". Esse gesto é oposto ao de inclinar-se para a frente – mostra desinteresse e desacordo com o que está sendo proposto. O mesmo acontece quando a pessoa está sentada e se afasta um pouco na cadeira ou até a arrasta para trás. Dar um passo para trás tem a mesma conotação.

CABEÇA APOIADA

Cabeça baixa indica desânimo; apoiada, denota falta de vontade, enfado, total desinteresse pelo que ocorre ao seu redor, além de pessimismo e derrota. Quando as duas mãos estão juntas, o colapso parece ser total.

15. A liderança feminina

INFELIZMENTE, OS ESTUDOS DE linguagem corporal sobre liderança feminina são muito escassos nos Brasil. Ao mesmo tempo, o material que vem do exterior nem sempre é ideal para nosso meio. Diversos fatores são levados em conta, como, cultura, religião, nacionalidade etc.

É fato que em determinados países a mulher ainda vive na Idade Média – ao contrário de nações mais desenvolvidas, onde algumas lideranças femininas se consagram. Exemplos como Margaret Thatcher, Hillary Clinton e Angela Merkel tornam-se cada vez mais comuns.

Relatório recente elaborado pela Inter-Parliamentary Union e pela Organização das Nações Unidas (IPU/ONU, 2017) mostra que mesmo nos Estados Unidos as mulheres ocupam somente entre 15% e 19,9% dos assentos no Congresso. Na Bulgária, país líder do ranking, esse percentual varia entre 50% e 59,9%. No Brasil, o número de mulheres parlamentares é ridículo, variando de 2% a 4,9%, quase o mesmo que no Turcomenistão.

Diversos autores estudaram o tema da liderança feminina pelos mais variados aspectos. Segundo Edward Hollander (1985), não existem diferenças significativas na liderança de homens e mulheres, embora estas tenham mais dificuldade de ver sua liderança reconhecida. Segundo minha experiência, no Brasil, as condições normalmente são mais favoráveis aos homens.

De acordo com a Organização Internacional do Trabalho (OIT), apenas 5% das mulheres ocupam o cargo de CEO no Brasil.

Embora os números não sejam diferentes do de países como Espanha, Chile e Portugal, o quadro é preocupante. O estudo da OIT revela que, "a menos que ações sejam tomadas imediatamente, serão necessários 100 ou 200 anos para que seja alcançada uma paridade em relação aos altos cargos" (Júnior, 2015).

Reportagem do jornal *O Estado de S. Paulo* (Félix e Linder, 2015) relata que, embora representem cerca de 46% da mão de obra ativa na economia brasileira, o número de mulheres em cargos de liderança diminuiu nos últimos anos. Tudo isso apesar de elas serem a maioria entre os estudantes de graduação e pós-graduação.

Pesquisa da consultoria Grant Thornton (2015) demonstra que 57% das empresas brasileiras não tem nenhuma mulher em cargos de diretoria, presidência e conselho de administração. A média mundial é de 32%.

LIDERANÇA E GÊNERO

Diversos estudos mostram que o papel do gênero tem importância capital na liderança. Determinadas características estão associadas aos homens, como ambição, vontade, energia, agressividade etc. Da mesma forma, amabilidade, afetividade, ternura, simpatia e bondade são associadas às mulheres. Quando se relacionam os níveis de testosterona masculinos com os femininos, vê-se que a disposição para assumir riscos é maior nos homens; assim, as mulheres arriscariam com mais eficácia. Cientistas provaram que as duas áreas nos lobos frontais e temporais relacionadas com a linguagem (áreas de Broca e Wernicke) são maiores nas mulheres, o que confere a elas grande superioridade mental no campo da linguagem. Em média, a mulheres falam cerca de 20 mil palavras por dia; os homens, 13 mil (Radu, Deaconu e Frăsineanu, 2017; Appelbaum, Audet e Miller, 2003).

Segundo a neuropsiquiatra Louann Brizendine (2007), as mulheres falam mais rápido e depressa e os homens "são surdos aos argumentos femininos": a testosterona diminui o tamanho da região do cérebro envolvida na audição. Também é correto afirmar que em quase tudo o mundo as mulheres vivem mais que os homens. As causas são várias, sendo a violência uma das principais.

O cérebro feminino está mais apto para lidar com pessoas. Assim, carreiras como medicina, psicologia, assistência social e pedagogia são dominadas por mulheres.

Os pesquisadores Anne Moir e David Jessel (1992) afirmam que "os sexos são diferentes porque os cérebros são diferentes. Logo, processam informação de forma distinta, o que resulta em diferentes percepções, prioridades e comportamentos".

São inúmeras as diferenças entre homens e mulheres em termos de gênero, mas apesar de tudo isso – e com razão – a maioria dos pesquisadores não vê diferenças abissais entre a liderança masculina e feminina.

Em minhas palestras, quando falo sobre a liderança feminina no Brasil, gosto de mencionar uma edição da revista *Veja* de maio de 2012 que traz na capa três executivas brasileiras. O título é mais do que sugestivo: "As lições das chefonas".

Na foto, as três executivas de carreira brilhante estão na típica postura masculina: a da frente, de braços cruzados; as de trás, na posição de *akimbo* (mãos na cintura). O tronco é projetado para a frente com pequena curvatura da coluna.

As perguntas a seguir têm um quê de provocação: as mulheres precisam adotar posturas masculinas em posições de chefia? A *Veja* não poderia colocar na chamada de capa algo como "As lições das grandes líderes?"

Além da postura das líderes na foto, outro fato chamou a atenção: segundo uma aluna minha, arguta observadora, as três estavam "vestidas de homem", em especial pelo uso de calças compridas. A pergunta a seguir não tem resposta direta, mas deve ser encarada como problema a ser estudado: será que as mulheres precisam tomar atitudes masculinas nos processos de liderança?

Fica o registro de que vivemos em um país machista e que ainda existem diversos preconceitos no que tange às mulheres ocuparem posições de liderança. Em algumas áreas, algumas barreiras foram superadas. Porém, em campos como a tecnologia da informação, ainda há um longo caminho a percorrer.

Para a pesquisadora do Insper Regina Madalozzo (*apud* Félix e Linder, 2015), culturalmente os brasileiros têm dificuldade de perceber as mulheres como líderes. Segundo ela,

> para que haja mudanças, primeiro é preciso reconhecer os tratamentos desiguais que ocorrem dentro de cada empresa, por vezes de forma inconsciente. Fala-se: "Ela é tranquila, muito dócil, talvez não seja boa na liderança". E aí a funcionária nem chega a ser testada em uma nova função. Ou acontece o contrário, e a mulher é taxada como agressiva, o que, para um homem, seria visto como algo positivo.

Pesquisadores americanos na área de administração sugerem que as mulheres têm qualidades de liderança bastante valorizadas pelas empresas. A consultoria McKinsey (Desvaux e Devillard, 2008) identificou cinco "comportamentos de liderança" mais frequentes em mulheres do que em homens:

- Desenvolvimento de pessoas.
- Estabelecimento de expectativas e recompensas.
- Atitudes que servem de modelo.
- Ações inspiradoras.
- Decisões tomadas de maneira participativa.

Já os homens, em geral, optam por ações controladoras e corretivas e tomam decisões de forma individualista. Porém, nenhuma diferença de desempenho entre os sexos foi identificada.

Artigo da revista *The Economist* ("Sexo e a diretoria", 2015) que analisa essas questões termina de forma interessante: "A única maneira esclarecida de selecionar lideranças é avaliar as pessoas exclusivamente por seus méritos individuais. Qualquer outra coisa não passa de preconceito dissimulado".

DIFERENÇAS NA LINGUAGEM CORPORAL FEMININA E MASCULINA

De acordo com a pesquisadora Julia T. Wood (2014), o uso da comunicação não verbal é diferente entre homens e mulheres. Ainda segundo ela, os comportamentos não verbais são aprendidos com base no sexo e cultura. Os homens utilizam com mais intensidade e energia a expressão corporal para destacar suas ideias e adicionar força às suas posições. Também tendem a ocupar mais espaço pessoal, enquanto as mulheres geralmente são mais contidas, cuidam-se para não se destacar. Em muitos casos, elas são mais propensas a ceder seu espaço do que os homens.

Estudando a comunicação entre homens e mulheres, Holmstrom (2009) explica que estas valorizam mais a expressão de emoções do que as competências orientadas para a competição. Além disso, são capazes de demonstrar sinais de impotência, enquanto os homens exibem poder.

As mulheres admitem com mais facilidade a própria tristeza, bem como medo e decepção – inclusive choram abertamente. Preferem desabafar sobre suas emoções a um terceiro em vez de falar diretamente com os responsáveis pelo sentimento de raiva e estragar as relações com eles.

Restam poucas dúvidas de que os homens também são mais propensos a raiva do que as mulheres. As reações à raiva também são diferentes: em virtude de sua história de opressão, nas mulheres essa emoção tende a ser vivida e expressa de forma indireta e, por vezes autodestrutiva – incluindo letargia, depressão etc. (Averill, 1983).

A grande verdade é que, por serem mais emotivas, as mulheres acabam enfrentando grande preconceito e machismo nas empresas. Como diz uma amiga psicóloga que atua no meio corporativo, "quando a mulher ergue a voz, fala alto, exige, ela está 'histérica'. Quando o homem faz o mesmo, está 'colocando ordem na casa'".

A DECODIFICAÇÃO DE SINAIS NÃO VERBAIS

Em geral, os pesquisadores concordam que uma das mais importantes diferenças entre homens e mulheres no que diz respeito à interpretação da linguagem corporal é que elas são muito mais competentes para decodificar comportamentos não verbais e discernir com mais precisão as mais diversas emoções. Todavia, alguns estudos demonstram que os homens treinados em decodificar linguagem corporal têm resultados melhores que as mulheres com idêntica qualificação.

A esse respeito, devo dizer que no Brasil, num primeiro momento, mais homens se interessaram pelo tema linguagem corporal devido ao aparecimento de séries como *Lie to me*. Todavia, segundo minhas observações, as mulheres que se interessam pelo assunto são mais eficazes tanto no aprendizado como na utilização desse conhecimento.

TOCAR-SE

As mulheres praticam mais o autotoque que os homens. Isso muitas vezes é percebido de maneira dúbia, como sinal de ansiedade e estresse, mas também como flerte. Alguns tipos de toque são considerados sensuais e provocativos, como mexer no cabelo, alisar partes do corpo etc. A líder deve evitá-los.

USO DE CELULARES

Pesquisas mostram que as mulheres usam mais o celular que os homens, dando preferência às mensagens de texto. Já eles falam mais ao telefone que elas (Kim e Jin *apud* Cinardo, 2011). O uso mais intenso do aparelho pelas mulheres indicaria uma forma de manter relações pessoais mais estreitas e estabelecer maior intimidade com os outros.

POSIÇÃO NO APERTO DE MÃO

As mulheres preferem ser abordadas frontalmente durante os primeiros contatos e no aperto de mão. Caso a outra pessoa (seja homem ou mulher) se aproxime lateralmente, provocará desconfiança.

Abordar os homens de maneira frontal (seja homem ou mulher) indica desafio. Basta lembrar como os lutadores de MMA possam nas fotos para promover as lutas. As faces se tocam. Para evitar esse tipo de confronto, o líder – de ambos os sexos – deve abordar os homens lateralmente.

FALAR *VERSUS* OUVIR

As mulheres gostam de ser ouvidas, mas também cedem aos homens no que diz respeito à fala. Pesquisas mostram que independentemente das colocações feitas mais tarde, os participantes de reuniões tendem a adotar ou aceitar a opinião de quem fala primeiro. Portanto, se tiver oportunidade, exponha seus pontos de vista logo no início, antes dos demais.

ESPAÇOS

Os homens costumam ocupar mais espaço que as mulheres, até por seu porte físico. Culturalmente, a mulher é mais reservada. Ao sentar-se, por exemplo, os joelhos normalmente ficam juntos quando as pernas não estão cruzadas. A mulher que se senta de perna aberta não é bem vista; no universo corporativo, trata-se de um gesto totalmente despropositado. A maneira como a mulher se movimenta também mais é delicada que os homens. A alma feminina não necessita de gestos grandiloquentes para ser notada.

GESTOS NEGATIVOS QUE AS LÍDERES DEVEM EVITAR

ENCOLHER A CABEÇA ENTRE OS OMBROS

Durante jogo da Copa no Mundo no estádio do Itaquerão, na cidade de São Paulo, a ex-presidente Dilma, sentada na tribuna de honra, depois de escutar sonora vaia – e diversos xingamentos bastante desagradáveis, diga-se de passagem –, sentou-se na cadeira e afundou a cabeça entre os ombros. Ressalto aqui que a postura do público foi altamente reprovável, qualquer que seja o parâmetro utilizado, especialmente no que tange a civilidade e respeito a autoridade constituída.

Nesse caso a mensagem era bastante clara: "Sou menor do que vocês". Em reuniões, isso é fatal – muitas vezes soa como: "Coitadinha de mim diante de homens tão poderosos".

Pena que a ex-presidente não tinha a seu lado o coronel espanhol que estava sentado ao lado do príncipe da Espanha na abertura das Olimpíadas de Barcelona, em 1992. O então menino recebia um toque nas costas cada vez que relaxava a postura e tentava "escorregar" da cadeira, como faz toda criança.

O gesto de encolher o corpo como se estivesse com frio tem o mesmo efeito. A retração faz que os demais percebam suas inseguranças na hora de tomar decisões. Sente-se com a coluna ereta e mantenha o queixo na vertical.

CABEÇA BAIXA E OLHOS PARA CIMA

Trata-se de um bom gesto quando se trata de paquera, pois indica submissão. Todavia, é inaceitável quando se fala em liderança feminina. A mulher deve manter a cabeça ereta e sem demonstrar tensão. O queixo, como sempre, fica na horizontal.

ROER UNHA

O termo técnico para esse comportamento é "onicofagia". Trata-se do hábito de roer as unhas dos dedos das mãos ou até mesmo dos pés. Indica estresse, ansiedade, tédio etc. Para alguns especialistas, o gesto está relacionado à raiva reprimida. Em determinadas culturas, é considerado muito negativo roer unha. No Brasil, algumas pessoas interpretam o gesto como infantilidade, insegurança e imaturidade.

BOLSA OU PASTA NO COLO

Durante a Conferência de Yalta, realizada em fevereiro de 1945 – portanto, após o fim da Segunda Guerra Mundial –, os líderes das três maiores potências mundiais tiraram uma clássica foto. Franklin D. Roosevelt, dos Estados Unidos, está no centro, com um cigarro não mão e o indicador esquerdo literalmente voltado para a genital: "O macho-alfa sou eu". Josef Stálin, da União Soviética, cobre com a mão direita suas partes íntimas, enquanto o primeiro-ministro do Reino Unido, Winston Churchill, as esconde com o chapéu. Churchill sabia que estava sentado ao lado do "novo dono do mundo".

Colocar a bolsa no colo indica defensividade, especialmente no âmbito de gênero: "Estou insegura diante de vocês, sobretudo pela minha condição feminina". Portanto, tome o território, assuma a postura de líder. Coloque a bolsa sobre a mesa e, se possível, espalhe alguns objetos ao redor dela.

OLHAR AS HORAS

Olhar para o relógio no meio de uma reunião é considerado sinal claro de desrespeito. Isso se amplifica quando o outro está dizendo algo ou fazendo uma apresentação. O gesto assinala impaciência e ego inflado: "Estou com pressa e não quero ouvir o que você diz". Evidentemente, ele não é negativo apenas para as mulheres; serve para qualquer circunstância, inclusive nas reuniões informais.

O meio mais fácil de controlar as horas é colocar um relógio na parede oposta de onde se está. Em minhas palestras, para não demonstrar desrespeito ao público, sempre uso essa estratégia.

TOM DE VOZ

Não faça voz de menina. Você não está no ensino médio, não é mais aquela adolescente indefesa. O pior que pode acontecer é você fazer a voz de súplica. A líder jamais suplica. Seja direta – e até incisiva quando for preciso.

Não fale pedindo aprovação de suas palavras. Comece falando baixo, suba o tom e, ao final da apresentação, baixe-o. Esse "arco" na colocação da voz é sinal de autoridade.

Em caso de conflito, fale baixo e imponha sua opinião. Uma líder prepotente, que vive gritando, acaba perdendo o respeito dos subordinados. Já aquela que usa o tom baixo e "senta a borduna" é ouvida e respeitada.

AUTOTOQUES FEMININOS

Na tentativa de se acalmar, homens e mulheres adotam o autotoque como comportamento apaziguador. Os homens estralam os dedos, colocam a mão no pescoço como fossem se enforcar ou simplesmente acariciam o plexo solar. As mulheres ajeitam o cabelo, passam as mãos nos braços, acariciam o pescoço com uma ou ambas as mãos, mexem nos adereços. O gesto fatal é enrolar o cabelo com os dedos – indica total desinteresse pelo que está sendo dito.

Mesmo que esses gestos sejam avaliados corretamente, mostram insegurança, ansiedade, necessidade de se acalmar diante de situações tensas. As mulheres têm maior sensibilidade na interpretação da linguagem corporal; assim, se outras mulheres estiverem na reunião, facilmente perceberão os sinais.

CARAS E BOCAS

Por sua expressividade, as mulheres tendem a fazer mais caras e bocas que os homens: torcer os lábios, olhar para cima etc. O gesto de revirar os olhos e erguer a cabeça (Oh, meu Deus!) é considerado um pecado capital para a líder.

O mesmo vale para o ato de fazer beicinho: fica evidente que a mulher é infantil demais para liderar qualquer grupo.

Aqui vale novamente o alerta: o sorriso fingido é um tiro no pé.

AVALIAR AS UNHAS

Trata-se de gesto tipicamente feminino. Consiste em olhar para as unhas ou retirar pedaços imaginários de cutícula quando o outro fala. A mensagem é óbvia: "Não estou nada interessada naquilo que você está dizendo, minhas unhas são mais importantes".

Trata-se de um sinal de desprezo total e constitui um dos mais poderosos gestos de desconexão. A conversa, seja em termos empresariais ou pessoais, não avança e pode acabar em discussão.

CUMPRIMENTO

A mesma teoria do aperto de mãos entre homens serve para as líderes em todas as ocasiões: aperto de mão fraco é considerado sinal de falta de vigor e insegurança.

Como líder, certifique-se da cultura da empresa com relação a cumprimentos com beijos no rosto. Como vimos, a líder deve se deixar tocar pouco.

GESTICULAR EM EXCESSO

Todo exagero na linguagem corporal é facilmente percebido, sendo a conclusão quase unânime: "Ela faz de tudo para aparecer". A sobriedade dos gestos, bem como a intensidade de fala, é marca registrada de determinadas líderes. Fique atenta: quanto mais a pessoa perde a razão em um debate, maior é sua tendência de erguer a voz e gesticular desordenadamente.

BRAÇOS CRUZADOS

Os braços cruzados são sinal de fechamento, defesa. Qualquer que seja a reunião, a líder não cruza os braços – mais que isso, evita expô-los. Não se trata de atitude machista; infelizmente, quanto mais exposta fisicamente estiver a mulher, mais informal o contato se torna.

TAMBORILAR

Bater na mesa com os dedos, o lápis ou qualquer outro objeto demonstra pressa, rapidez e ansiedade. A pessoa quer resolver tudo de imediato, mas sem a devida reflexão. Os gestos de balançar constantemente a perna e de bater a ponta dos pés no chão têm a mesma conotação.

Certa vez, acompanhei uma alta executiva numa reunião gerencial. A primeira parte do encontro correu tensa e pouco produtiva. No intervalo, mostrei-lhe que ela batia constantemente o salto do sapato no chão, causando ruído e irritação. Na segunda parte da reunião, ela controlou-se e conseguiu que seus pontos de vista fossem aceitos.

EXAGERAR NAS EMOÇÕES

Todos somos passíveis às emoções primárias – tristeza, alegria, raiva, surpresa etc. Todavia, qualquer exagero delas é sinal de fraqueza. Infelizmente, no Brasil, menino não chora e menina, sim, mas nunca a líder.

SORRIR DESCARADAMENTE

Como expliquei, o sorriso é uma das mais poderosas armas para contatos interpessoais; todavia, a verdadeira líder jamais sorri de forma exagerada. A seriedade antes de entrar na sala pode antecipar o tom de determinadas reuniões do dia. Ressalto que o sorriso sincero é sempre bem-vindo nas situações cotidianas.

16. A mentira e a liderança

> Não prometa aquilo que não pode
> cumprir; se assim o fizer, tomará o caminho
> mais curto para o inferno.
> Anônimo

A MENTIRA TALVEZ SEJA um dos aspectos mais importantes a observar por quem ocupa um cargo de liderança.

O mentiroso gasta muito mais energia cerebral do que quem diz a verdade. A mentira precisa ser criada e depois sustentada. A verdade, não – já está pronta no cérebro. Ou seja, mentir é mais complexo do que ser honesto.

Os motivos pelos quais mentimos são os mais variados possíveis (Camargo, 2012). Entre eles: medo de punição; desejo de ganhar prestígio; medo de castigo físico; necessidade de evitar constrangimentos, de proteger pessoas e preservar reputações; desejo de obter ganhos materiais e pessoais; necessidade de manipular informações e o comportamento do outro etc.

AS CONSEQUÊNCIAS DA MENTIRA PARA O LÍDER

Voltemos ao tempo. Como esquecer as primeiras declarações do ex-presidente americano Bill Clinton, acusado de ter relações sexuais com a estagiária Monica Lewinsky? Clinton garantiu, em pronunciamento público, que não havia tido um caso com a jovem nem pedira para seus assessores mentirem sobre o assunto. Porém, analisando a linguagem corporal do líder, notamos alguns sinais bastante óbvios de que ele estava mentindo. Com olhar de desprezo, Clinton morde os lábios inferiores e mexe os ombros, desconfortável. Balança a cabeça várias vezes enquanto diz que não teve envolvimento com Monica. Seus olhos se estreitam durante a declaração e, por fim, o ex-presidente arma um sorriso irônico. Esse caso entrou para a história da política.

Em geral, os subordinados tendem a acreditar em seus gestores com certa facilidade, assim como o povo nas autoridades. Todavia, quando se sentem enganados a revolta é grande. Quando mais visíveis ficarem as mentiras do líder, menos credibilidade ele terá.

Se, de um lado, o líder deve tomar precauções nesse campo, de outro, por meio de técnicas de linguagem corporal, é capaz de identificar alguns tipos de mentira em reuniões, negociações etc.

COMO DETECTAR MENTIRAS

Com o surgimento de inúmeras séries de televisão ligadas ao tema, muita gente passou a acreditar que é fácil detectar mentiras. Porém, estudos científicos mostram que mesmo os melhores especialistas do mundo têm grande chance de cometer erros em suas avaliações. Portanto, tome especial cuidado ao entrevistar candidatos, fazer seleção, coordenar, liderar pessoas etc. Cuidado para não cometer injustiças.

A revista *Nature Neuroscience* publicou um estudo no qual demonstra de maneira científica por que determinadas pessoas – políticos, negociantes, falsários, líderes etc. – desenvolvem a habilidade de mentir (Garrett *et al.*, 2016). A resposta é simples: com o tempo, o cérebro se acostuma a mentir. Quando mentimos em proveito próprio, a amígdala vai perdendo a "sensibilidade" à mentira. Quanto mais mentimos, mais essa sensibilidade diminui. Por fim, o que começa com pequenos deslizes pode se transformar em grandes transgressões.

Ciente disso, lide com os mentirosos com uma regra de ouro: "O mentiroso está sempre à frente".

Pesquisadores de todo o mundo utilizam três principais abordagens para explicar a mentira: cognitiva, emocional e como tentativa de controle.

ABORDAGEM COGNITIVA

Como vimos no início deste capítulo, mentir é muito mais difícil que dizer a verdade. É esse o mote desse tipo de abordagem. Para lidar com mentirosos, os especialistas sugerem dois tipos de interrogatório: o de coleta de informações e o acusatório. No primeiro caso, as perguntas são abertas: "Com suas palavras, diga-me o que aconteceu". Já no segundo existe uma afirmação: "Com certeza, você sabe o que aconteceu e está tentando esconder de mim".

Mesmo quando o criminoso é experiente e preparado, ele tende a deixar vários fios soltos na história que conta. Os investigadores de polícia sabem disso e interrogam o suspeito por horas, apontando as contradições no depoimento. Uma vez esgotado física e psicologicamente e não tendo mais o que inventar, o mentiroso acaba por se revelar. Nesse caso, observam-se pausas, alto nível de hesitação, respostas mais lentas, erros de informação etc. Embora o método funcione, quando não executado de forma correta muitos inocentes confessam o que não fizeram.

ABORDAGEM EMOCIONAL

Esse tipo de pesquisa mostra que as mentiras falham devido à grande dificuldade que a maioria das pessoas tem de ocultar ou falsificar as emoções. Nem todas as mentiras envolvem emoções, mas quando estas aparecem os mentirosos têm dificuldade de lidar com elas.

Durante uma entrevista ou interrogatório, nossas reações emocionais ativam o Sistema Nervoso Autônomo, que por sua vez produz alterações fisiológicas, comportamentais e cognitivas. Com a liberação de adrenalina e glicocorticoides, aumentam a frequência cardíaca, o ritmo respiratório, a pressão arterial e a temperatura corporal.

Sob ameaça, o corpo procura sobreviver, e seus principais sinais são: suor, rubor ou palidez, aversão no olhar, reações negativas; o corpo se prepara para a luta. Quanto mais estiver em jogo, ou seja, quanto mais o mentiroso tiver a perder, mais rápida e intensa será sua reação emocional. A experiência também conta, especialmente se ele já passou por situações parecidas.

A mentira pode gerar sentimentos de culpa, medo e prazer. Muitos mentirosos se entregam porque querem se regozijar com o fato de terem enganado os outros.

TENTATIVA DE CONTROLE

Muitos mentirosos se apoiam em mitos das mentiras para tentar ludibriar os investigadores. Talvez o mito de não olhar diretamente nos olhos seja o mais utilizado. Certa vez interroguei um suspeito que toda vez que mentia olhava diretamente nos meus olhos.

Outras vezes, tentam controlar os gestos e parecer imunes aos questionamentos, como se aquilo não fosse com eles. Isso é muito bom para o interrogador, pois ao tentar transmitir a imagem de frios são atingidos em cheio por determinada pergunta e sua linguagem corporal os denuncia. O mentiroso se mexe, toca a si mesmo, se ajeita na cadeira. Muitas vezes essas mudanças são sutis, mas ainda assim constituem informações valiosas.

PRINCIPAIS SINAIS CORPORAIS DA MENTIRA

Antes de tudo, observe os demais sempre com minúcia. Tome a iniciativa e faça perguntas simples. Dê especial atenção às respostas. Deixe o outro bem à vontade e não parta para o confronto.

Peça explicações: "Poderia me explicar de novo como tudo aconteceu?"; "Não entendi muito bem esse ponto". Nas primeiras perguntas enfoque as respostas que você já conhece e até mesmo sabe que serão verdadeiras. O mentiroso vai se acostumar a falar a verdade nessas respostas e a tendência será relaxar.

Quando a resposta demora a chegar, existe a possibilidade de a mentira estar sendo inventada. Porém, tome cuidado: sob pressão e/ou diante de desconhecidos, algumas pessoas têm dificuldade de se lembrar de nomes, acontecimentos e fatos.

A seguir, faço um resumo dos principais sinais de mentira, que estão descritos em detalhe em meu livro *Não minta pra mim!* (Camargo, 2012).

GESTO DO MACAQUINHO: LEVAR AS MÃOS AO ROSTO

Os chamados gestos do macaquinho são sinais de ocultação que na maioria das vezes ocorrem de maneira inconsciente. Exemplos: passar os dedos nas sobrancelhas, esfregar os olhos como se estivesse limpando-os etc.

GESTO DO MACAQUINHO: TAPAR A BOCA

Diversas pesquisas científicas mostram que o mentiroso amplia o número de autocontatos com o rosto. Entre eles estão incluídos o afago no queixo, a pressão nos lábios, coçar a sobrancelha, alisar o cabelo, tocar no lóbulo da orelha etc.

Muitas vezes, o mentiroso tenta disfarçar o movimento, passando a mão na boca como se estivesse limpando os lábios ou colocando neles o dedo indicar para realizar uma pausa e pensar melhor. Também vale colocar um lápis ou outro objeto diante da boca, como se impedisse de dizer algo. Ao cobrir a boca com a mão, o mentiroso reprime as próprias palavras, como se dissesse a si mesmo de maneira inconsciente: "Fique quieto, cale a boca, não diga nada".

Alguns dos gestos de macaquinho no rosto dos mensaleiros.

GESTO DO MACAQUINHO: PASSAR UMA OU AMBAS AS MÃOS NAS ORELHAS

Tapar os ouvidos para não escutar seria um gesto por demais infantil. Como o mentiroso não deseja escutar a verdade ou aquilo que ele mesmo diz, leva a mão ou os dedos à orelha, arruma o cabelo etc. Também ajusta o colarinho: "Preciso de ar, pois a pressão está insuportável".

SUMIÇO DOS LÁBIOS/LÁBIOS DE OSTRA

O mentiroso dobra os lábios para dentro e os comprime de maneira intensa. Denota tensão e significa que algo o incomoda. O gesto fica mais evidente quando se cruzam os braços: "Estou fechado, não quero me abrir (falar)".

CONTATO VISUAL ESCASSO OU INEXISTENTE

Talvez um dos maiores mitos da mentira seja o de que a pessoa que não olha diretamente para seu interlocutor é mentirosa. Se, de um lado, os bons mentirosos olham diretamente nos olhos dos demais como prova de sua "sinceridade", também é certo que muitos mentirosos não têm coragem de encarar os outros.

Os motivos para não olhar diretamente são vários: timidez, insegurança, medo etc. Como vimos, o submisso não encara os superiores. Portanto, não tome esse item ao pé da letra; examine-o dentro do contexto.

DIFICULDADE DE FICAR FRENTE A FRENTE COM O OUTRO

O tronco e a face do mentiroso não ficam de frente para seu interlocutor. A sensação é de incômodo. O mentiroso quer fugir do local; se afastar do interlocutor. Assim, seus olhos procuram rotas de fuga: portas, janelas etc. Os pés apontam para a porta de saída.

CONTROLE DOS MOVIMENTOS DE MÃOS E BRAÇOS

Pesquisas mostram que o mentiroso, numa tentativa quase que inútil de enganar os demais, diminui a frequência dos movimentos, em especial das mãos. Todavia, isso deve ser avaliado em relação aos padrões que ele exibe quando fala a verdade.

As mãos ficam junto das pernas, às vezes enfiadas nos bolsos. Quando mentem, as crianças baixam a cabeça e colocam as mãos para trás. O gesto de submissão serve também para agradar o adulto. É normal as mulheres colocarem as mãos unidas entre as pernas e inclinarem um pouco o tronco para a frente.

Braços cruzados também são produto da postura defensiva. Em muitos casos, quando o medo de punição é exagerado as mãos tremem, mas isso pode indicar apenas medo.

ENCOLHIMENTO: A CABEÇA AFUNDA NOS OMBROS

Para alguns autores, o controle de movimento está ligado ao nosso sistema límbico. Ao longo de nossa evolução, o cérebro criou várias estratégias para a sobrevivência. Fugir, paralisar e lutar são as principais opções. Para não chamarmos a atenção dos predadores, a ação de permanecer imóvel diante do perigo talvez seja a mais conveniente, pois lutar e fugir em determinados casos seria impossível. O mentiroso que não tem a possibilidade de fugir do local tenta se encolher de todas as maneiras quando profere suas mentiras.

Outras formas de retraimento são: corpo encolhido, braços junto do plexo solar, queixo baixo, pernas unidas e braços cruzados, autoabraço etc. Quando as mãos tocam os braços indicam insegurança, necessidade de proteção, regressão e ansiedade.

MOVIMENTOS RÍGIDOS, TENSOS, REPETITIVOS E MECÂNICOS

Os gestos repetitivos e mecânicos são parte do arsenal que o mentiroso utiliza para convencer suas vítimas. Essa repetição muitas vezes ocorre na fala: busca-se convencer pelo cansaço. Também são comuns as repetições conjuntas de gesto e fala.

Esses movimentos chamam especial atenção quando ocorrem na cabeça. Quanto mais intensos forem, menos controle o mentiroso tem da situação. A irritação e o incômodo são patentes.

Mãos, braços e pernas tendem a ficar unidos ao corpo. São gestos de paralisação. O mentiroso acha que ficará invisível se não perceberem seus movimentos.

Existe um gesto que chamo de "cadeira elétrica": as mãos se agarram aos braços da cadeira, os pés do se voltam para trás ou se entrelaçam com os da cadeira, o tronco se encolhe e os cotovelos ficam junto do corpo.

FALTA DE SINCRONISMO ENTRE GESTOS E PALAVRAS

Não confunda falta de sincronia com falta de coerência. Aquele que anuncia determinado fato e diz que está triste, mas mantém o semblante tranquilo, demonstra falta de coerência entre a fala e a emoção. Já o que conta algo triste e chora depois apresenta falta de sincronia. Nesse caso, os gestos ocorrem em tempo diferente da verbalização. Desconfie de ambos os comportamentos.

Durante anos analisei, para alguns veículos de mídia brasileiros, políticos acusados dos mais diversos crimes. Na fala desses mentirosos na tribuna do Senado e da Câmara quase sempre existia falta de sincronia entre gestos e palavras, principalmente quando queriam se mostrar indignados com as acusações.

MOVIMENTO DE DISTANCIAMENTO PARA LONGE DO ACUSADOR

Certa vez, interroguei um soldado acusado de ajudar alguns desertores a fugir da prisão. O rapaz estava em pé quando me aproximei e comecei a conversar com ele de maneira totalmente informal para deixá-lo à vontade. Fiz várias perguntas que tinha certeza de que ele sabia responder e por isso mesmo se mostraria confiante.

Depois de algum tempo, perguntei de forma direta: "Você ajudou os soldados a fugir do quartel domingo de madrugada?" No mesmo momento ele deu um passo para trás e olhou para porta como possível rota de fuga. A resposta "não, senhor" soou como "sim, ajudei". Posteriormente o rapaz confessou o crime. O medo da proximidade ou do contato físico é indicativo de mentira.

CORPO E MÃOS TRÊMULOS

É normal que alguém que sofra qualquer tipo de acusação, especialmente as injustas, fique nervoso, ansioso e tenso. Ao tremer, a pessoa indica que a tensão já ultrapassou os limites e ela não consegue mais controlar o próprio corpo.

Quando questionado sobre determinados atos, é comum que o mentiroso trema. Por vezes, ele tenta disfarçar o desconforto manipulando as mãos de várias maneiras.

MOVIMENTOS DOS OLHOS PARA CIMA E À DIREITA

Observe com atenção os movimentos oculares quando a pessoa está dizendo algo. Ao olhar para cima e para a direita, o mentiroso deseja criar determinada imagem, e esse pode ser um dos mais consistentes sinais de mentira. A cabeça também pode girar para cima concomitantemente aos movimentos oculares. Em muitos casos, o gesto tem dupla função: evitar o confronto direto.

RAPIDEZ AO RESPONDER A PERGUNTAS

Dizem que a ansiedade mata. Se, de um lado, o mentiroso demora a responder porque precisa elaborar seu ardil, de outro, a resposta rápida ou até mesmo a antecipação visa evitar novas e inconvenientes perguntas. Na demora, o mentiroso precisa elaborar um álibi; na rapidez, justificá-lo antes mesmo que apareça.

EXPRESSÃO CORPORAL ASSIMÉTRICA NA FACE

Quando mentimos, parece que o alinhamento do corpo se perde. O cérebro entra em conflito, pois temos a verdade de um lado e a mentira tentando encobri-la de outro.

A assimetria ocorre em todo o corpo, mas é na maioria das vezes visível na face: não existe equilíbrio entre a parte direita e esquerda. Uma sobrancelha sobe e a outra fica imóvel, o lado direito da boca se ergue enquanto o esquerdo fica no mesmo patamar etc.

O desequilíbrio facial é um dos sinais mais clássicos de mentira.

SUPRESSÃO FACIAL DAS EMOÇÕES

Para mascarar determinadas emoções, é comum que o mentiroso tente manter a face neutra. O contexto também deve ser levado em conta: diante de acusações graves, quem apresenta a expressão totalmente tranquila e relaxada provavelmente está mentindo ou ocultando algo.

REPETIR AS PALAVRAS DO INTERLOCUTOR

Como não tem respostas concretas às perguntas, o mentiroso repete as mesmas frases de forma idêntica ou com pequenas variações. Trata-se de um meio de prolongar a conversação e assim encontrar a resposta que julga adequada ou de desviar do assunto de forma sub-reptícia.

DEIXAR DE LADO OS ASPECTOS NEGATIVOS

Não existe mundo perfeito. Porém, na ânsia de que os outros acreditem nele, o mentiroso mostra tudo maravilhoso. Nos cursos que ministro, afirmo: quando tudo está certo é porque muita coisa está errada. O mentiroso evita assuntos que possam prejudicar seus argumentos.

ACRESCENTAR INFORMAÇÕES PARA CONVENCER O INTERLOCUTOR

Por insegurança, o mentiroso tenta acrescentar mais informações à história para que seu interlocutor se convença de que está falando a verdade: "Você não acredita em mim, então vou dizer mais uma coisa." Caso essa frase seja repetida várias vezes, indica que o mentiroso não tem certeza se os argumentos foram aceitos.

É normal que, algum tempo depois, quando o assunto está esquecido, o mentiroso volte a falar sobre ele, acrescentando novos detalhes e repetindo outros. Quando a insistência se torna quase impertinente, é sinal de que a pessoa está mentindo.

ENCOLHER SOMENTE UM OMBRO

Para Paul Ekman (2005; 2009), trata-se de um sinal clássico de mentira. A falta de simetria do gesto é facilmente notada. Um dos ombros se levanta e muitas vezes se projeta um pouco mais à frente. A pessoa tenta dizer que não está muito preocupada com aquilo que lhe foi perguntado. Mas não é bem assim: esse quase desdém indica que ele provavelmente está mentindo. Como a mesma expressão pode ser vista em outras partes do corpo, observe a face, as mãos e também o tom de voz.

SUOR FRIO/RESPIRAÇÃO OFEGANTE

Suar frio, corar, transpirar e respirar de modo ofegante e com dificuldade são sinais que demonstram ansiedade, tensão, medo, preocupação irritação etc.

Variações no ritmo e no ciclo respiratório, bem como suspiros mais longos e "bufadas", podem indicar mentira. Cuidado: por vezes, esses sinais indicam apenas ansiedade e tensão.

FICAR DE COSTAS PARA A PAREDE

O mentiroso procura ficar de costas para a parede. Esse recurso tranquiliza e traz segurança. O bom líder jamais deve se sentir acuado. Ao contrário, precisa transmitir a impressão – verdadeira – de que é dono das iniciativas e não se submete as pressões.

CHORO FALSO

O mentiroso utiliza argumentos emocionais para convencer os demais. Assim, soluços e lágrimas têm grande efeito naqueles não gostam de ver o sofrimento alheio.

No choro verdadeiro, as lágrimas descem ao redor do nariz; de maneira inconsciente, a pessoa começa a fungar e a erguer o nariz para livrar-se do incômodo. As lágrimas são visíveis, assim como os sinais de tristeza na face. Já aquele que tenta fingir que chora em geral não consegue produzir lágrimas. Para tentar ser mais convincente, tenta fungar, mas como não existem lágrimas o gesto se torna artificial.

O mentiroso também se preocupa em "secar" as lágrimas que não existem. Para tanto, passa as mãos e os dedos nos olhos e até mesmo exagera, usando o punho ou a borda da camisa para secar algo que não existe. Em todos esses gestos existe algo de dramático.

PEDIR QUE A PERGUNTA SEJA REPETIDA

O mentiroso deseja ganhar tempo: "Pode repetir a pergunta?"; "Não entendi muito bem o que você quis dizer com isso, poderia repetir?" Alguns vão além: depois de dizerem "não compreendi o final", fazem uma pausa e ficam esperando que o interlocutor realize novamente a pergunta. Assim ganham tempo de duas maneiras. Por vezes, o mentiroso responde com outra pergunta: "Então você quer dizer que eu não estava no local crime?"

De acordo com o nível de tensão da entrevista, é normal que uma ou duas vezes a pessoa solicite que a pergunta seja repetida; mais do que isso, comece a desconfiar, especialmente se isso acontecer a cada questionamento.

SARCASMO

Os mentirosos extremamente defensivos e que não têm argumentos convincentes apelam para o sarcasmo durante boa parte do tempo. O sarcasmo alivia a tensão do mentiroso e pode confundir pessoas mais inexperientes. Os bons líderes evitam-no, não precisam dele para ser respeitados nem para colocar seus pontos de vista.

DUPER'S DELIGHT: O SORRISO DO TRAPACEIRO

Mentir pode causar remorso, mas também prazer. Em 2016, durante a campanha à prefeitura da cidade de São Paulo, analisei para a Rede Bandeirantes vários debates entre os candidatos. No último, foi dado tempo para que cada um deles se expressasse. Ao encerrar sua fala, determinado candidato – que depois foi eleito – deu esse tipo de sorriso. Nele, um dos cantos da boca sobe enquanto o outro permanece parado num sorriso sarcástico. Ter prazer em enganar os demais é comum naqueles que se consideram mentirosos inteligentes e capazes de tudo.

MICRORRUGAS NA TESTA

O conflito entre a verdade e a mentira faz que apareçam microrrugas horizontais na testa do mentiroso. Contudo, elas somem rapidamente e nem sempre é possível observá-las. Tenha cautela: muitas das rugas que surgem na testa são oriundas de tensão e nervosismo, e não exatamente de mentira.

FRASES PARA GANHAR TEMPO

O mentiroso costuma proferir frases genéricas para ganhar tempo, em geral esquivando-se de ser direto. Alguns tipos de resposta:

- "Não sei de nada."
- "Por que eu mentiria para você?"
- "Para dizer a verdade..."
- "Para ser franco..."

- "De onde você tirou essa ideia?"
- "Por que está me perguntando uma coisa dessas?"
- "Poderia repetir a pergunta, por favor?"
- "Eu acho que este não é um bom lugar para discutir esse assunto."
- "Podemos falar sobre isso mais tarde?"
- "Como se atreve a me perguntar uma coisa dessas?"
- "Eu não sou obrigado a saber de tudo!"

MEMÓRIA CONTRADITÓRIA/SELETIVA

A memória contraditória indica que algumas mentiras talvez estejam sendo proferidas. O mentiroso demonstra poderosa memória para diversos fatos – é excepcional sua capacidade de lembrá-los –, mas em outros momentos se diz incapaz de recordar os fatos mais simples e importantes de sua vida. Essa contradição seletiva indica mentiras no discurso. A conveniência de esquecer certos fatos é mostrada várias vezes durante interrogatórios policiais e comissões parlamentares de inquérito.

ATO FALHO

O ato falho freudiano é um grande aliado daqueles que desejam descobrir mentiras. O mentiroso diz algo quando intentava dizer outra coisa. Por exemplo: "Sempre exerci cargos de segurança, digo, de confiança"; "Meu objetivo nesta empresa é ser promovido, digo, acolhido pela equipe".

VOZ FORA DO TOM

Quando as evidências não corroboram aquilo que a pessoa diz, o mentiroso aumenta o tom de voz para se fazer ouvido. Trata-se de uma compensação: literalmente, ele tenta ganhar no grito. As palavras são mais enérgicas, tensas e, por vezes, carregadas de indignação. Outras vezes, a voz falha e a pessoa parece incoerente: o mentiroso simplesmente não consegue elaborar seus ardis.

A VOZ NÃO CONCORDA COM O CORPO

Quando a emoção que o mentiroso tenta transmitir é falsa, normalmente os gestos, os movimentos da mão e a postura não combinam com o tom voz. Em resumo, a cabeça diz não enquanto a boca diz sim.

ENGOLIR EM SECO/PIGARREAR

A tensão e a ansiedade provocam alterações na fisiologia do corpo humano. Por vezes, o muco se forma na garganta. Em alguns casos, existe o engasgo: a pessoa tosse e literalmente se "engasga nas próprias palavras". O sussurro com palavras quase ininteligíveis exacerba a mentira. Ao engolir em seco e pigarrear, o mentiroso também pode dizer frases confusas ou sem nexo. Alguns até mesmo aproveitam para ganhar tempo solicitando um copo d'água. Pausas prolongadas provocadas por pigarro ou engasgo são sinal de que a pessoa precisa de mais tempo para elaborar as mentiras.

FALHAS NA HISTÓRIA

Comportamento também associado à memória seletiva. Aparecem pontas soltas na história, quase sempre ligadas às respostas "não sei", "não lembro", "minha memória é ruim", "tenho dificuldade para recordar determinados lugares".

Os "buracos" nas histórias mais ligados à mentira são aqueles em que o mentiroso não estava no local onde aconteceram os fatos nem se lembra de onde esteve.

PONTO DE CONFLITO

O que se espera de alguém cuja noiva foi brutalmente assassinada? Da mãe que perdeu um filho? Tristeza, sofrimento e dor provavelmente são alguns dos sentimentos que a pessoa vai deixar transparecer. Isso é natural. Porém, quando atitudes, sentimentos e comportamentos são totalmente contrários ao que se espera o ponto de conflito não tem paralelo com a realidade, indicando assim a presença da mentira.

COÇAR O NARIZ

Trata-se de outro tipo específico de autotoque, mas não tão involuntário como possa parecer. Uma das descobertas recentes dos cientistas é a de que o mentiroso libera substâncias que causam irritação no nariz e na cavidade nasal. A vascularização se expande, principalmente quando a mentira é intencional. Isso provoca coceira na ponta do nariz e surge o desejo de esfregá-lo, mesmo que seja por alguns segundos.

Durante um de seus depoimentos no caso Monica Lewinsky, Bill Clinton tocou o nariz mais de 25 vezes. Durante o depoimento no caso do caseiro Francenildo Pereira, o então ministro Antonio Palocci, tocou inúmeras vezes o nariz diante das perguntas mais desconfortáveis. O incômodo era tanto que seu nariz chegou a ficar vermelho. Fica o alerta: esse gesto pode ser um cacoete ou consequência de doenças respiratórias e alergias.

AUMENTO DAS PISCADELAS

De todos os gestos ligados à ansiedade as piscadelas são os mais visíveis. Quando a tensão se amplia de forma desordenada, o mentiroso pisca mais e, por vezes, coça os olhos com frequência.

RESPOSTAS SEM NEXO

Quando a ansiedade aumenta, as respostas dos mentirosos são confusas e muitas vezes sem qualquer tipo de conexão com aquilo que está sendo perguntado. Trata-se de uma tentativa de fugir dos questionamentos. Essas respostas também podem ser fruto do despreparo; nesse ponto, convém sinalizar que o líder está sempre preparado e se policia para não dizer asneiras.

AÉCIO NEVES E OS PARDAIS-DE-HARRIS

No livro *Por que mentimos*, David Livingstone Smith relata o comportamento dos pardais-de-harris, pequenas aves que andam em grandes bandos nos meses de inverno. Alguns indivíduos têm marcas mais escuras do que outros na cabeça e na garganta, conhecidas como "distintivos de domínio". Segundo biólogos, trata-se dos "faixa-pretas" do mundo dos pardais.

O ornitólogo Sievert Rohwer, da Universidade de Washington, pintou jovens pássaros com a coloração para que ficassem iguais aos machos dominantes. Como esperado, os pardais pintados foram reconhecidos e receberam tratamento idêntico ao dado a tais machos. Depois de algum tempo, os pardais pintados começaram a assumir poses e a se exibir como os machos "verdadeiros". O hábito faz o monge.

O contrário ocorreu quando Rohwer descoloriu os verdadeiros dominantes. Estes passaram a ser desrespeitados pelo bando e reagiram de forma extremamente agressiva a essa nova mudança de status.

Fiz essa pequena introdução porque a primeira vez em que analisei a linguagem corporal de Aécio Neves foi em um congresso de mulheres do PSDB em Recife. Nesse evento, palestrei sobre linguagem corporal e política. Ao adentrar o auditório, Aécio foi saudado pelo presidente do partido como "futuro presidente do Brasil". Para minha surpresa, o rosto do senador mostrava medo e até certo constrangimento. Em seu discurso, não observei sinais de empolgação, nem atitude e postura de quem está disposto a tal empreitada. Todavia, foi uma avaliação momentânea e pessoal.

Tempos depois, convidado pelo jornal *O Globo*, analisei a linguagem corporal de Aécio durante uma série de entrevistas realizadas pelo diário durante o primeiro turno da campanha presidencial de 2014. A conclusão, registrada, era a de que nem ele mesmo acreditava que seria eleito presidente. Com a morte de Eduardo Campos e outras reviravoltas, a maré mudou e o senador foi para o segundo turno. É bem verdade que, depois dessa série de análises, os candidatos passaram a ser preocupar com o tema.

Tanto nas apresentações como nos debates com a então presidente Dilma Rousseff, Aécio mostrou uma postura de confiança, gestos mais incisivos e entonação tensa e precisa. Era o próprio pardal-de-harris dominante.

Em um dos debates na Rede Globo, dominou a adversária com uma postura tanto assertiva como agressiva em certos momentos. Não que isso configurasse vantagem, pois Dilma apresentava uma linguagem corporal extremamente deficiente em termos de liderança.

Perdida a eleição, a primeira atitude de Aécio foi ampliar a tensão e a agressividade entre seus pares, em especial num embate com então o presidente do senado Renan Calheiros. Pego em grampos telefônicos e acusado de receber propina, sua postura de apatia foi substituída pela face de agressividade em diversos momentos, como se desejasse recuperar o *status* perdido. A postura assertiva que exibia durante a campanha para o segundo turno se perdeu. Aécio mostrou, assim, a mesma agressividade que os pardais-de-harris expressaram quando destituídos de seu lugar de liderança.

17. A voz e os importantes 7%

"O importante não é a ordem e sim como você dá a ordem."

A EPÍGRAFE DESTE CAPÍTULO foi retirada do meu livro *Linguagem corporal – Técnicas para aprimorar relacionamentos pessoais e profissionais* (2010). Nele, relato que a voz é um recurso fundamental para que o ser humano seja compreendido.

Em média, as informações visuais representam 55% da compreensão de uma mensagem. O tom de voz, 38%, e as palavras que são proferidas, 7%. Na realidade, esses três aspectos se complementam e devem ser analisados juntos. O fato é que o desempenho do líder melhora visivelmente quando ele contrata um bom profissional para orientá-lo.

Na mulher, o número de ciclos vibratórios das cordas vocais varia de 150 a 250 vezes por segundo. Nos homens, de 80 a 150. O resultado é uma voz mais aguda para o sexo feminino e mais grave para o masculino. Assim, homens com a voz mais grave tendem a receber mais atenção em termos de liderança. Sempre observe seu tom de voz nas mais variadas situações.

Alguns tons de voz indicam determinadas características:

- Masculinidade: voz forte, enérgica, decidida, sem vacilação.
- Cordialidade, voz suave e calma.
- Precisão: voz fluente, distinta, clara, exata, controlada, meticulosa, equilibrada.
- Insegurança: gagueira, voz baixa, inaudível, confusa.
- Fôlego: voz entrecortada, trêmula.

- Velocidade: voz rápida, apressada, impetuosa, precipitada.
- Desleixo: voz confusa, indistinta.
- Autoritarismo: voz alta.

Em linhas gerais, o tom de voz baixo denota discrição, reserva, timidez e desejo de intimidade. A voz rouca indica problemas respiratório e tagarelice; mulheres com voz rouca são consideradas sensuais. Aqueles que falam rápido podem estar sentindo urgência, impaciência, ansiedade, medo, insegurança, empolgação e raiva. Talvez se trate de um recurso para não deixar o outro falar ou vontade de persuadi-lo. A voz confusa e embaraçada aponta para possíveis mentiras, enquanto a fala lenta indica cansaço, doenças, mentira, preocupação em ser exato, tristeza, angústia, depressão e desânimo. Já na voz trêmula a hesitação é constante. Denota ansiedade, tensão, medo, desejo de precisão e mentira. Por fim, na voz alta predomina a vontade de chamar a atenção, de se expor, de ser notado.

UTILIZANDO MELHOR AS PALAVRAS

O uso de certas palavras serve de ponto de referência para muitos líderes. Todavia, se faz necessário que o discurso combine com a realidade. Determinadas palavras ou frase servem como "âncoras" para os líderes e imediatamente o identificam, mesmo que ele não esteja presente.

Há muito tempo a frase "minhas colegas de trabalho" remete-nos ao apresentador Silvio Santos. O ex-presidente José Sarney utilizava o bordão "brasileiros e brasileiras", que funcionou por um tempo mas depois acabou ridicularizado.

O líder deve utilizar determinadas palavras que, embora não o identifiquem diretamente, fazem parte do seu discurso. Adote essas palavras em reuniões, conversas formais e informais, palestras, discursos etc. Como o tempo, elas se tornarão "âncoras" que se incorporam ao discurso e lhe conferem credibilidade. Vejamos algumas delas:

- entusiasmo (palavra que deve ser dita com animação);
- integridade;
- credibilidade;
- importância;
- pioneirismo;
- único;
- qualidade;
- precisão;
- eficiência/eficácia;
- melhor custo-benefício;
- parceria;
- excelência;
- competência;
- resposta rápida;
- honestidade.

O líder deve sempre evitar:

- usar a palavra "não";
- criticar/desculpar/explicar;
- palavras de baixo calão;
- vocabulário ofensivo;
- pessimismo;
- ofender pessoas ou grupos;
- piadas de mau gosto;
- apelidos que apontam defeitos (manco, zarolho etc.);
- comparações esdrúxulas com pessoas e tipos.

No que tange às desculpas, é evidente que em certos momentos, se forem sinceras e bem colocadas, fazem-se necessárias. Porém, não exagere nas desculpas: seja direto.

Observei alguns palestrantes se desculpando por falhas que poderiam acontecer em suas apresentações. Algumas delas passariam totalmente despercebidas, mas ao citá-las elas foram notadas.

A crítica exacerbada e constante precisa ser evitada. A pessoa que vive criticando acaba se tornando um verdadeiro chato. Já a crítica honesta e leal, quando executada no tempo certo, é sempre bem-vinda.

Palavras como ruim, péssima, horrível, nunca, jamais, impossível não são favoráveis a liderança. Além disso, o líder deve evitar com afinco: fofocar, julgar sem conhecer os fatos, opinar despropositadamente, condenar de imediato, ser negativo e, sobretudo, mentir.

Por fim, repito que combinar o tom de voz com o discurso e com as palavras certas potencializa a liderança em todos os níveis. Lembre-se de que até mesmo uma fala de improviso deve ser bastante treinada. A seguir, um exemplo que vai na contramão disso. Trata-se de um discurso da ex-presidente Dilma feito na assembleia da ONU em setembro de 2015:

> Então, se a contribuição dos outros países, vamos supor que seja desenvolver uma tecnologia que seja capaz de na eólica estocar, ter uma forma de você estocar, porque o vento ele é diferente em horas do dia. Então, vamos supor que vente mais à noite, como eu faria para estocar isso? Hoje nós usamos as linhas de transmissão, você joga de lá para cá, de lá para lá, para poder capturar isso, mas se tiver uma tecnologia desenvolvida nessa área, todos nós nos beneficiaremos, o mundo inteiro.

18. Linguística textual: as palavras dos líderes

O ESPECIALISTA EM LINGUAGEM corporal não pode nem deve se deixar influenciar por posições políticas ou ideológicas quando realiza suas análises. Em 2014, nas eleições para presidente da República, observei que alguns *experts* utilizaram o estudo da linguagem corporal como meio de apoiar seus candidatos. Pior impossível.

Uma das maneiras de avaliar alguém consiste em utilizar uma técnica chamada de "análise do discurso", "análise do texto", "avaliação de conteúdo", "análise do conteúdo" etc. Nos meios acadêmicos, o termo é "linguística textual". Os americanos a chamam de "análise linguística textual" ou também "Linguistic Statement Analysis Technique", (LSAT). Não existe nome oficial no Brasil.

Disse e repito: mentir demanda mais energia que falar a verdade. Sabendo disso, o mentiroso procura de todas as maneiras não deixar "pontas soltas" em suas falas, ou até mesmo "esquece" – de maneira estratégica – dados ou muda suas declarações. Nos momentos em que fala a verdade, tende a reforçá-la intensificando os gestos e a fala. Como na maior parte do tempo dizemos a verdade, quando mentimos os padrões corporais e de voz tendem a se modificar.

Ao inventar uma história, o enredo e o vocabulário são mais pobres, ou seja, qualitativamente diferentes de histórias verdadeiras. Por isso, alguns especialistas "aconselham" seus "clientes" a treinar com bastante antecedência as mentiras que vão dizer. No Brasil existem consultorias para investigados em CPIs do Congresso.

CONSCIENTE E INCONSCIENTE

Em seu livro *El alma de la escritura* (1974), Ania Teillard escreve uma das mais lindas frases da grafologia mundial: "O consciente é uma casca de noz navegando no tortuoso mar do inconsciente". Para muitos autores, nossa mente consciente controla apenas 5% de nossas capacidades cognitivas; o restante está no inconsciente.

De acordo com David Livingstone Smith (2006), para aprendermos a detectar mentiras precisamos realizar um "desaprendizado" do aprendizado. Ele afirma: "Temos de desenvolver o hábito de ouvir a música da comunicação humana em vez de nos concentrarmos na letra".

Evidentemente, sou partidário da ideia de unir as duas técnicas: observação corporal e a análise do discurso. Todavia isso não é fácil: é preciso ser muito rápido para trabalhar com os dois fatores ao mesmo tempo. Isso só se consegue com muitos anos de conhecimento, vivências e prática constante.

PADRÕES

Antes de continuar, lembro que o mesmo discurso quase sempre carrega dois significados, um explícito (superficial, aberto, consciente) e outro implícito (codificado, oculto, inconsciente).

De acordo com o especialista e palestrante Noah Zandan, quatro fatores da análise do discurso ajudam a identificar a mentira:

1. Os mentirosos se referem pouco a si mesmos quando mentem: preferem mencionar outras pessoas. Em geral utilizam a

terceira pessoa e quase nunca usam o pronome "eu". Isso é natural, pois o mentiroso – de maneira consciente e inconsciente – deseja sair do foco e se afastar da mentira que está contando. Chamo isso de "distância preventiva". Além dela, o mentiroso costuma agregar à sua história outras informações que lhe serão úteis mais adiante.

2. Os mentirosos tendem a ser mais negativos: aqui temos de excluir os mentirosos patológicos. Muitos sentem culpa por mentir. O remorso depende de características pessoais e de para quem está sendo contada a mentira. Além disso, a carga negativa muitas vezes é acompanhada de raiva e outras emoções.

3. Os mentirosos explicam os fatos com termos mais simples: aqui vale o princípio de que mentir demanda mais energia, enquanto a verdade já está "pronta" no cérebro.

4. Os mentirosos utilizam sentenças longas e muitas vezes complicadas: acrescentam palavras desnecessárias e detalhes irrelevantes, sem qualquer ligação com aquilo que descrevem. Ao ilustrar a história com firulas, o mentiroso tenta encobrir detalhes importantes.

Aos quatro fatores elencados por Zandan acrescento mais alguns:

1. Lapsos de memória providenciais: me esqueci, não me lembro, não sou tão bom para recordar fatos.

2. Buracos na história.

3. Manipulação de termos: no Brasil, criou-se uma nova forma de mentira com palavras. Caixa dois virou "recursos não contabilizados"; crimes se transformaram em "maus feitos".

4. Supressão de fatos negativos que possam comprometê-los: quando tudo está certo demais é porque existe muita coisa errada.

5. Acréscimo de informações.

6. Devolver a pergunta: técnica comum usada para ganhar tempo.

7. Responder por antecipação e com prontidão extrema: "Antes que você diga qualquer coisa, quero falar sobre..."; "Antes de você perguntar..."
8. Atos falhos.

É claro que todos esses fatores devem ser considerados em conjunto e diante do contexto.

Como líder, você precisa tomar muito cuidado com as palavras. Afinal, além do risco de que elas sejam mal compreendidas, seu conteúdo emocional e inconsciente pode ser facilmente interpretado por especialistas. Não se engane: grandes corporações do mundo todo muitas vezes contratam esse tipo de consultor para acompanhar seus executivos nos mais diversos tipos de negociação. Para terminar, uma frase lapidar de David Livingstone Smith: "A maioria de nós é constrangedoramente inepta para detectar mentirosos".

19. Gestos que todo líder precisa conhecer

Palma das mãos voltada para fora
- Verdade, sinceridade naquilo que diz.
- Gesto oriundo de nossos ancestrais quando desejavam mostrar que estavam desarmados.

Autocontato
- Ansiedade.
- Estresse.
- Mentira.
- Necessidade de se acalmar e manter o controle. Quanto mais toques, mais ansiedade.
- No olho: "Não quero olhar." Ligado aos gestos dos três macaquinhos.

Autocontato: toque no nariz
- Estresse.
- Mentira.
- Necessidade de se acalmar e manter o controle. Quanto mais toques, mais ansiedade.
- Conflito entre a verdade e a mentira.

Lábios para dentro
- Tentativa de inimizar tensões diante de situações estressantes.
- Busca de controle emocional.
- "Não desejo falar."
- Olhos arregalados: adrenalina.

Lábios franzidos
- Desacordo.
- Tensão, preocupação.
- Contrariedade.
- "Vou tomar providências."

Sobrancelha do cético – uma sobe e a outra fica parada
- Sorriso: nojo.
- Camuflagem: "Vou mentir. Sou mais esperto que você, consigo enganá-lo".

Revólver
- Suicídio simbólico
- "Desisto. Acabou."
- "Quero sair daqui, não concordo com isso. Estou insatisfeita."

Lábios tortos
- Dúvida verdadeira.
- Insegurança.
- Preocupação com o que vai dizer ou com o que ouve.
- Tensão e ansiedade.

Lábios cerrados para dentro
- Raiva e ansiedade.
- Tentativa de autocontrole.
- "Não quero falar agora."

Soprar
- Tentativa de aliviar a tensão.
- Ansiedade, necessidade de sair da situação em que se encontra.
- "Ufa!"
- Quando o gesto é feito com a mão fechada diante da boca, é chamado de "corneta".

Falsa reza
- Gesto artificial que peca pelo exagero. Muitas vezes as mãos se movimentam intensamente. Pode vir acompanhado de choro falso.
- Mentira.
- Necessidade de aprovação.
- Tentativa de convencer o outro, como se pedisse perdão.

Mãos perto do rosto
- Controle, tensão, estresse.
- Emoções negativas.
- "Estou quase rezando para me acalmar."
- Lábios ligeiramente apertados: preocupação com aquilo que vai dizer.

Ombros encolhidos
- Fuga.
- "Não sei."
- "Sinto-me inferior."

Tamborilar
- Aborrecimento, pressa.
- Pressa, desejo de sair da situação.
- Incômodo, agitação, ansiedade.

Ajeitar o punho ou o relógio
- Desejo de se adaptar ao ambiente.
- Insegurança, defesa.
- "Estou numa pior."
- "Vou tomar posição."
- "Não se aproxime."

Cabeça baixa
- Derrota, desânimo.
- Falta de vontade.
- Pessimismo.
- Cansaço.
- Lábios apertados: desalento.

Apontar
- Agressividade.
- Acusação.
- Falta de educação.
- Raiva.

Lábios de ostra
- "Não desejo expressar o que sinto."
- "Preciso controlar minhas emoções."
- "Não quero expor minhas opiniões."

Morder os lábios
- Frustração.
- Tensão.
- Desacordo.

Língua para fora
- Blefe.
- Mentira.
- "Quero sair daqui."

Mão de aranha
- Agressividade.
- Necessidade de dominar.
- Tensão.
- Mão esquerda na mesa: domínio territorial.

20. Perguntas que só você pode responder

"O sucesso faz amigos falsos e inimigos verdadeiros."

Anônimo

Em artigo para a revista *Forbes*, o escritor Travis Bradberry (2015) enumera nove características comuns às personalidades influentes: 1) elas pensam por si próprias; 2) elas são ousadas; 3) elas estimulam o diálogo; 4) elas potencializam suas redes; 5) elas só se preocupam com o que realmente importa; 6) elas encorajam a divergência; 7) elas são proativas; 8) elas respondem em vez de reagir; 9) elas acreditam em si mesmas e nos outros. Para o autor, qualquer pessoa é capaz de ampliar seu campo de influência: basta ter paixão por aquilo que faz.

Se você está lendo este livro é porque se interessa pelo tema. Como líder, você certamente influenciará pessoas, decidirá sobre aspectos fundamentais da vida delas, mudará o rumo de carreiras. Muitos dependerão de você.

Você deseja essa situação? Para você, ela será um ônus ou um bônus? Isso só você pode decidir. Em muitos casos, não há volta. Quando você perceber que inúmeros indivíduos dependem da sua capacidade de liderança e esperam que você os lidere, perceberá que não é tão fácil assim abandonar o caminho que traçou.

O líder conduz e não é conduzido, não se deixa pegar de surpresa pelos fatos, está sempre à frente do seu tempo. Porém, tenha cautela. O especialista em tendências globais John Naisbitt (2006) alerta que líderes como Einstein receberam em retorno a inveja e o ressentimento por andar muito à frente de seu tempo.

No interior do Brasil, por várias vezes escutei o seguinte ditado: "Só mangueira que dá manga leva pedrada".

Homens e mulheres que estiveram muito à frente de seu tempo sofreram com isso, pois foram incompreendidos pelo simples fato de mostrarem ao mundo fatos, inventos e descobertas para as quais a humanidade não estava preparada. Já observei muitos líderes sendo contestados em empresas simplesmente porque queriam fazer ajustes no organograma. Você está pronto para enfrentar isto?

Voltando a Bradberry: as pessoas influentes nunca estão satisfeitas com o *status quo*. Galileu, por exemplo, desafiou a Igreja Católica ao afirmar que a Terra não era o centro do universo. Acabou a vida em prisão domiciliar, mas sua genialidade mudou o rumo do conhecimento humano.

São poucos os indivíduos que chegam a esse ponto, mas como líder você deve sempre questionar, contestar, sair do lugar-comum, pensar diferente. Alguém já disse que melhor que as respostas são as perguntas corretas feitas no tempo certo.

Dos questionamentos do líder surgem novas ideias. Ele inspira os demais a explorar o próprio potencial. Ensina-os a se posicionar de maneira diferente. Mais do que isso, o líder serve de referência – é imitado no estilo, na maneira de agir, nas palavras etc.

QUE RESPOSTAS QUE VOCÊ VAI DAR QUANDO FOR QUESTIONADO?

Muitas vezes o líder é interpelado de maneira intensa e até mesmo agressiva. Alguns questionamentos são duros e feitos por superiores ou subordinados com o intuito de testar a liderança.

Tendo compreendido de que forma as emoções se manifestam e como reconhecê-las, nunca reaja de maneira emocional ou defensiva a opiniões contrárias às suas ou da empresa que trabalha. Ideias diferentes são bem-vindas. Aceitar o debate franco e leal faz parte da liderança.

O líder deixa a emotividade de lado e não replica de imediato. Depois de analisar a questão e refletir de sobre ela, responda na medida exata e de forma apropriada. Atenha-se somente àquilo que realmente importa. Vá direto ao assunto, seja preciso e assertivo. Lembre-se: por vezes o silêncio é a melhor resposta. O escritor americano Mark Twain explica esse princípio numa frase lapidar: "É melhor manter a boca fechada e parecer estúpido do que abri-la e eliminar a dúvida".

Pessoas influentes reconhecem a importância dos relacionamentos e não se deixam afetar por reações exageradas. Elas também sabem que emoções são contagiosas e que certas atitudes podem influenciar negativamente a todos ao redor.

QUAL O TAMANHO DA SUA LIDERANÇA?

A grafologia é a técnica de observar a personalidade por meio da escrita. Certa vez realizei um perfil grafológico para uma empresa multinacional. O analisado não gostou do resultado, pois nele não apareciam sinais de liderança, e ele se considerava um líder nato. Como toda técnica é passível de erros, reuni-me com o gestor e o funcionário. Depois de três minutos de conversa, descobri que ele estava na empresa havia seis anos e tinha como subordinada apenas a secretária. Sua única experiência em liderança fora como aluno do Centro de Preparação de Oficiais da Reserva do Exército, onde tinha feito um estágio de 30 dias. A percepção de bom líder estava incutida em sua mente, mas a avaliação que fazia de si era completamente equivocada. Não confie apenas na sua intuição para saber até onde você pode chegar: procure a ajuda de especialistas.

Outro detalhe: você precisa saber quantas pessoas quer e pode liderar. Às vezes, um bom líder de determinado setor não tem as características necessárias para comandar a empresa toda.

ATÉ ONDE VOCÊ DESEJA CHEGAR?

Como vimos, liderança é uma mistura de talento, treinamento e vivências. Liderança se aprende.

O líder vai ao encontro de seus ideais. Tem a exata noção de onde quer chegar e coloca todos os seus esforços em prol disso. O líder não espera que as coisas aconteçam, faz acontecerem. Especialmente, se antecipa aos fatos. Procura novas ideias, novos rumos, novas tecnologias. O líder antecipa o futuro.

Você quer ser líder num futuro próximo? Se já o é, deseja melhorar sua capacidade de liderança? Caso responda afirmativamente, e acho que vai fazê-lo, este livro foi escrito com o objetivo de ajudá-lo. Boa sorte!

Referências

ALLPORT, G. W. "Attitudes". In: MURCHISON, C. (org.). *Handbook of social psychology*. Worcester: Clark University Press, 1935.

ALLPORT, G. W.; VERNON, P. E. "A test for personal values". *The Journal of Abnormal and Social Psychology*, v. 26, 1931, p. 231-48.

APPELBAUM, S.; AUDET, L.; MILLER, J. C. "Gender and leadership? Leadership and gender? A journey through the landscape of theories". *Leadership & Organization Development Journal*, v. 24, 2003, p. 43-51.

ARGYLE, M. *Bodily communication*. 2. ed. Madison: International Universities Press, 1988.

AVENANTI, A.; AGLIOTI, S. "The sensorimotor side of empathy for pain". *Psychoanalysis and Neuroscience*, 2006, p. 235-56.

AVERILL, J. R. "Studies on anger and aggression: implications for theories of emotion". *American Psychologist*, v. 38, 1983, p. 1145-60.

BIRDWHISTELL, R. L. *Kinesics and context*. Filadélfia: University of Pennsylvania, 1970.

BOHNS, V. K.;WILTERMUTH, S. S. "It hurts when I do this (or you do that): posture and pain tolerance". *Journal of Experimental Social Psychology*, v. 48, n. 1, 2012, p. 341-45.

BRADBERRY, T. ; GREAVES, J. *Inteligência emocional 2.0*. São Paulo: HSM, 2014.

_____. "9 habits of profoundly influential people". *Forbes*, 3 nov. 2015. Disponível em: <https://www.forbes.com/sites/travisbradberry/2015/11/03/9-habits-of-profoundly-influential-people/#fa25ea75c344>. Acesso em: 23 dez. 2017.

BRADSHAW, J. *Healing the shame that binds you*. Deerfield Beach: Health Communications, 2005.

BRIZENDINE, L. *The female brain*. Danvers: Harmony, 2007.

BRONSON, P. "Learning to lie". *New Yorker*, 10. fev. 2008. Disponível em: <http://nymag.com/news/features/43893/>. Acesso em: 8 dez. 2017.

BURLESON, B. R. "The production of comforting messages: social-cognitive foundations". *Journal of Language and Social Psychology*, v. 4, n. 3-4, 1985.

CAMARGO, P. S. de. *Linguagem corporal – Técnicas para aprimorar relacionamentos pessoais e profissionais*. São Paulo: Summus, 2010.

_____. *Não minta pra mim! Psicologia da mentira e linguagem corporal*. São Paulo: Summus, 2012.

CANNON, W. B. *Bodily changes in pain, hunger, fear and rage*. Nova York/Londres: D. Appleton, 1915.

CINARDO, J. *Male and female differences in conflict*. Trabalho de conclusão de curso apresentado à Coastal Caroline University, 2011.

CONNORS, B. "No leader is ever off stage". *Joint Force Quarterly*, v. 43, 2006, p. 83-87.

DALLEK, R. *John F. Kennedy: an unfinished life (1917-1963)*. Nova York: Penguin, 2004.

DAMÁSIO, A. R. *O erro de Descartes – Emoção, razão e o cérebro humano*. 3. ed. São Paulo: Companhia das Letras, 2012.

DARWIN, C. *A expressão das emoções nos homens e nos animais*. São Paulo: Companhia de Bolso, 2009.

DESVAUX, C.; DEVILLARD, S. *Women matter 2 – Female leadership, a competitive edge for the future*. Nova York: McKinsey & Co., 2008.

EAGLY, A. H., CHAIKEN, S. "The psychology of attitudes". *Psychology and Marketing*, v. 12, n. 5, 1993, p. 459-66.

EKMAN, P. *Como detectar mentiras*. Barcelona: Paidós, 2005.

_____. *Telling lies*. Nova York: W.W. Norton & Company, 2009.

_____. *A linguagem das emoções*. São Paulo: Lua de Papel, 2011.

FALCONE, E. M. O. *et al.* "Inventário de Empatia (I.E.): desenvolvimento e validação de uma medida brasileira". *Avaliação Psicológica*, v. 7, n. 3, dez. 2008.

FÉLIX, E.; LINDER, J. "Mulheres driblam dificuldade para se tornarem líderes". *O Estado de S. Paulo*, 8 nov. 2015. Disponível em: <http://economia.estadao.com.br/blogs/radar-do-emprego/mulheres-driblam-dificuldade-para-se-tornarem-lideres/>. Acesso em: 21 dez. 2017.

FREITAS-MAGALHÃES, A. *O código do desprezo*. Porto: FEELab Science Books, 2017.

GARRETT, N. *et al.* "The brain adapts to dishonesty". *Nature Neuroscience*, v. 9, 2016, p. 1727-32.

GOLEMAN, D. *Trabalhando com a inteligência emocional*. Rio de Janeiro: Objetiva, 1999.

GRANT THORNTON. "Women in business – The path to leadership". 2015. Disponível em: <https://www.grantthornton.global/en/insights/articles/women-in-business-2015/>. Acesso em: 21 dez. 2017.

HAGGARD, E. A.; ISAACS, K. S. "Micromomentary facial expressions as indicators of ego mechanisms in psychotherapy". In: GOTTSCHALK, L. A. et al. *Methods of research in psychotherapy*. The Century Psychology Series. Boston: Springer, 1966.

HAKIM, C. *Capital erótico: pessoas atraentes são mais bem-sucedidas. A ciência garante*. Rio de Janeiro: Best Seller, 2013.

HALL, E. T. *A dimensão oculta*. Rio de Janeiro: Francisco Alves, 1977.

HOLLANDER, E. P. "Leadership and power". In: LINDSEY, G.; ARONSON, E. (orgs.). *The handbook of social psychology*. v. 2. Nova York: Random House, 1985, p. 485-537.

HOLMSTROM, A. J. "Sex and gender similarities and differences in communication values in same-sex and cross-sex friendships". *Communication Quarterly*, v. 57, n. 2, 2009, p. 224-38.

HOUAISS, A. *Dicionário eletrônico Houaiss da língua portuguesa*. Rio de Janeiro: Objetiva, 2009.

INTER-PARLIAMENTARY UNION (IPU)/UNITED NATIONS ENTITY FOR GENDER EQUALITY AND THE EMPOWERMENT OF WOMEN. "Women in politics: 2017". Disponível em: <https://www.ipu.org/resources/publications/infographics/2017-03/women-in-politics-2017>. Acesso em: 21 dez. 2017.

JACK, R. E. "Cultural confusions show that facial expressions are not universal". *Current Biology*, v. 19, n. 18, 29 set. 2009, p. 1543-48.

JÚNIOR, E. "Apenas 5% de cargos de chefia e CEO de empresas são ocupados por mulheres". Portal EBC, 13 jan. 2015. Disponível em: <http://www.ebc.com.br/cidadania/2015/01/apenas-5-de-cargos-de-chefia-e--ceo-de-empresas-sao-ocupados-por-mulheres>. Acesso em: 21 dez. 2017.

KELEMAN, S. *Anatomia emocional*. 5. ed. São Paulo: Summus, 1992.

KRECH, D.; CRUTCHFIELD, R.S. *Theory and problems of social psychology*. Nova York: MacGraw-Hill, 1948.

KURZON, D. *Discourse of silence*. Filadélfia: John Benjamins, 1997.

_____. "Analysis of silence in interaction". In: KESSLER, G. (org.). *The encyclopedia of applied linguistics*. Nova Jersey: Wiley-Blackwell, 2013.

LEONG, D. P. *et al.* "Prognostic value of grip strength: findings from the Prospective Urban Rural Epidemiology (PURE) study". *The Lancet*, v. 386, n. 9.990, 18 jul. 2015, p. 255-73.

LYNN, W. M. "Mega tips: scientifically tested techniques to increase your tips". *Cornell Hospitality Tools*, v. 2, 2003, p. 2-22.

MACLEAN, P. *The triune brain in evolution: role in paleocerebral functions*. Nova York: Springer, 1990.

MARTINS, I.; PEROSA, T. "A beleza compensa". *Época Online*, 22 set. 2011.

MATSUMOTO, D.; FRANK, M. G.; HWANG, H. S. (orgs.). *Nonverbal communication: science and applications*. Thousand Oaks: Sage, 2013.

MCCROSKEY, J. C.; LARSON, C. E.; KNAPP, M. L. *An introduction to interpersonal communication*. Englewood Cliffs: Prentice-Hall, 1971.

MEHRABIAN, A. *Nonverbal communication*. New Brunswick: Aldine Transaction, 1972.

MICHENER, H. A.; DELAMATER, J. D.; MYERS, D. J. *Psicologia social*. São Paulo: Pioneira Thomson Learning, 2005.

MIOTO, R. "Quanto mais alto o executivo, maior é o salário, diz estudo". *Folha de São Paulo*, 5 jun. 2014, caderno Mercado. Disponível em: <http://www1.folha.uol.com.br/mercado/2014/06/1465227-quanto--mais-alto-o-executivo-maior-e-o-salario-diz-estudo.shtml>. Acesso em: 17 dez. 2017.

MOIR, A.; JESSEL, D. *Brain sex: the real difference between men and women*. Nova York: Dell, 1992.

MORRIS, D. *O macaco nu*. São Paulo: Círculo do Livro, 1973.

_____. *Você: um estudo objetivo do comportamento humano*. São Paulo: Círculo do Livro, 1977.

_____. *A mulher nua – Um estudo do corpo feminino*. São Paulo: Globo, 2005.

NAISBITT, J. *Mind set! Reset your thinking and see the future*. Collins, 2006.

NARLOCH, L. "Em defesa dos vaidosos". *Veja Online*, 5 ago. 2015. Disponível em: <http://veja.abril.com.br/blog/cacador-de-mitos/2015/08/05/em-defesa-dos-vaidosos/>. Acesso em: 17 dez. 2017.

NAVARRO, J. *El cuerpo habla*. Málaga: Sirio, 2008.

NOGUEIRA, P. E. "Aumento de poder leva à falta de empatia". *Época Negócios*, jul. 2015. Disponível em: <http://epocanegocios.globo.com/Inteligencia/noticia/2015/10/aumento-de-poder-reduz-capacidade-de-entender-emocoes.html>. Acesso em: 8 dez. 2017.

PATI, C. "3 fatores bizarros que aumentam o salário, segundo pesquisas". *Você S/A*, 5 jun. 2014. Disponível em: <https://exame.abril.com.br/carreira/3-fatores-bizarros-que-aumentam-o-salario-segundo-pesquisas/>. Acesso em: 17 dez. 2017.

PAVARINO, M. G.; DEL PRETTE, A.; DEL PRETTE, Z. A. P. "Agressividade e empatia na infância: um estudo correlacional com pré-escolares". *Interação em Psicologia*, v. 9, n. 2, 2005, p. 215-25.

PIPITONE, R. N.; GALLUP JR., G. G. "Women's voice attractiveness varies across the menstrual cycle". *Evolution & Human Behavior*, v. 29, n. 4, jul. 2008, p. 268-74.

PROVENZANO, B. "Donald Trump's weird handshake, explained by body language experts". *MIC*, 10 fev. 2017. Disponível em: <https://mic.com/

articles/168322/donald-trump-s-weird-handshake-explained-by-body-language-experts#.8eJug7IFn>. Acesso em: 21 dez. 2017.

RADU, C.; DEACONU, A.; FRĂSINEANU, C. "Leadership and gender differences – Are men and women leading in the same way?" In: ALVINIUS, A. (org.). *Contemporary leadership challenges*. Londres: InTech, 2017.

RODRIGUES, S. "O verbo 'empatizar' existe?" Veja.com, 2 mar. 2015. Disponível em: <http://veja.abril.com.br/blog/sobre-palavras/o-verbo-empatizar-existe/>. Acesso em: 13 fev. 2017.

ROSENBERG, M. B. *Comunicação não violenta – Técnicas para aprimorar relacionamentos pessoais e profissionais*. 3. ed. São Paulo: Ágora, 2006.

SELIGMAN, M. Felicidade autêntica. Rio de Janeiro: Objetiva, 2002.

"SEXO E A DIRETORIA". *The Economist/Estadão*, 13 jun. 2015. Disponível em: <http://economia.estadao.com.br/noticias/geral,sexo-na-diretoria-imp-,1705600>. Acesso em: 22 dez. 2017.

SMITH, D. L. *Por que mentimos – Fundamentos biológicos e psicológicos da mentira*. Rio de Janeiro: Campus, 2006.

SOLOMON, R. C. *Fiéis às nossas emoções: o que elas realmente dizem*. Rio de Janeiro: Civilização Brasileira, 2015.

SOMMER, R. *Espaço pessoal*. São Paulo: EPU, 1973.

SULIKOWSKI, D. et al. "Head tilt and fertility contribute to different aspects of female facial attractiveness". *Ethology*, n. 121, 2015, p. 1002-9.

TEILLARD, A. *El alma de la escritura*. Madri: Paraninfo, 1974.

VERISSIMO, L. F. *Time dos sonhos*. Rio de Janeiro: Objetiva, 2010.

VIDEBECK, S. L. *Psychiatric mental health nursing*. 3. ed. Filadélfia: Lippincott, Williams & Wilkins, 2006.

WEIL, P.; TOMPAKOW, R. *O corpo fala – A linguagem silenciosa da comunicação não verbal*. 74. ed. Petrópolis: Vozes, 2015.

WOOD, J. T. *Gendered lives: communication, gender, and culture*. 11. ed. Boston: Cengage Learning, 2014.

WORLEY, W. "Donald Trump's body language gives an insight to his behaviour on inauguration day". *The Independent*, 21 jan. 2017. Disponível em: <http://www.independent.co.uk/news/science/donald-trump-body-language-inauguration-day-psychology-alpha-male-a7539256.html>. Acesso em: 21 dez. 2017.

OUTRAS OBRAS SOBRE O ASSUNTO

ARGYLE, M. *Bodily communication*. 2. ed. Madison: International Universities Press, 1988.

AXTELL, R. E. *Gestures – The DO's and taboos of body language around the world*. Nova York: Wiley, 1992.

BOYES, C. *El lenguaje del cuerpo*. Buenos Aires: Editorial Albatros, 2007.

CORRAZE, J. *As comunicações não verbais*. Rio de Janeiro: Zahar, 1982.

DAVIS, F. *A comunicação não verbal*. São Paulo: Summus, 1979.

DIMITRIUS, J.; MAZZARELLA, M. *Como decifrar pessoas*. São Paulo: Alegro, 2000.

FELDMAN, R. S.; RIMÉ, B. *Fundamentals of nonverbal behaviour*. Cambridge: Cambridge University Press, 1991.

FORD, C. V. *Lies! Lies! Lies! The psychology of deceit*. Arlington: American Psychiatric Association Publishing, 1996.

FURNHAM, A. *Linguagem corporal no trabalho*. São Paulo: Nobel, 2001.

KNAPP, M. *La comunicación no verbal: el cuerpo y el entorno*. Barcelona: Paidós, 2001.

KNAPP, M.; HALL, J. A. *Comunicação não verbal na interação humana*. São Paulo: JSN, 1999.

KUHNKE, E. *Body language for dummies*. West Sussex: John Wiley & Sons, 2007.

LIEBERMAN, D. J. *Psicologia da mentira – Nunca mais seja enganado*. São Paulo: Market Books, 1999.

McNEILL, D. *Hand and mind – What gestures reveal about thought*. Chicago: The University of Chicago Press, 1992.

MEARSHEIMER, J. *Why leaders lie*. Oxford: Oxford University Press, 2011.

RUSSEL, J.; FERNÁNDEZ-DOLS, J. *The psychology of facial expression*. Cambridge: Cambridge University Press, 1977.

SILVA, A. A. *Julgamento de expressões faciais de emoções: fidedignidade, erros mais frequentes*. Tese (doutorado em Psicologia) – Universidade de São Paulo, São Paulo, 1987.

VRIJ, A. *Detecting lies and deceit: the psychology of lying and implications for professional practice*. West Sussex: John Wiley & Sons, 2000.

WOOD, J. *Interpersonal communication: everyday encounters*. Boston: Cengage Learning, 2010.

IMPRESSO NA
sumago gráfica editorial ltda
rua itauna, 789 vila maria
02111-031 são paulo sp
tel e fax 11 **2955 5636**
sumago@sumago.com.br